교실 속으로 간 개정판

이해중심
교육과정

이론과 실천이 만나다

개정판

교실 속으로 간
이해중심
교육과정
이론과 실천이 만나다

초판 1쇄 발행 2018년 12월 12일
개정판 1쇄 발행 2024년 11월 16일

지은이 온정덕, 변영임, 안나, 유수정
펴낸이 김승희
펴낸곳 도서출판 살림터

기획 정광일
편집 조현주·송승호·이희연
북디자인 꼬리별

인쇄·제본 (주)신화프린팅
종이 (주)명동지류

주소 서울시 양천구 목동동로 293 2215-1호
전화 02-3141-6553
팩스 02-3141-6555
출판등록 2008년 3월 18일 제313-1990-12호
이메일 gwang80@hanmail.net
블로그 http://blog.naver.com/dkffk1020
한국교육연구네트워크 www.kednetwork.or.kr

ISBN 979-11-5930-293-0 03370

개정판

교실 속으로 간
이해중심
교육과정

이론과 실천이 만나다

온정덕, 변영임, 안나, 유수정 공저

깊이 있는 학습을 위한 교육과정 설계

살림터

이해중심 교육과정은 학생의 역량 함양을 위해 교사가 학교 수준 혹은 교실 수준에서 교육과정을 개발하고 실행할 수 있는 설계 모형이다. 어떤 사람들은 2015 개정 교육과정은 이해중심 교육과정이며, 2022 개정 교육과정은 개념기반 교육과정인지를 물어보기도 하지만, 우리나라 국가 수준 교육과정은 학생의 역량을 기르기 위해서 교과 교육과정이 개발되었으며, 교수·학습과 평가에 대한 기준 역시 핵심역량의 특징에 따라 만들어졌다고 할 수 있다.

이 책에서는 국가 수준의 교육적 의도를 현장에서 구현하기 위해서 학생의 학습 경험을 설계할 때 이해중심 교육과정이라는 설계 모형을 적용해 볼 것을 제안한다. 이 책의 초판이 2018년에 발행된 이후 저자들은 이론적 탐구와 실천적 탐구를 지속하면서 소통하고 이론적 지식을 바탕으로 경험적 지식을 만들어 갔다. 이 과정에서 교육과정 설계와 실행에 대한 우리의 이해가 확장되었고 국가 수준에서는 2022 개정 교육과정이 고시되었다. 이에 개정판에서는 2022 개정 교육과정 설계의 주요 특징을 2015 개정 교육과정과 비교하여 설명하였고, 현장에서 개정 교육과정 혹은 이해중심 교육과정에 대한 의문을 Q&A 형식으로 풀어 보았다.

이 책이 현장에서의 교육 변화를 통해 모든 교육 주체가 함께 성장하는 데 도움이 되기를 기대하며, 학생 한 명 한 명을 사랑으로 품어 내면서 삶으로서의 교육과정을 실천하는 모든 선생님을 응원한다. 마지막으로 개정판 출간을 위해 힘써 주신 살림터 출판사 정광일 대표와 편집부에 감사를 드린다.

2024년 11월
저자

서문

우리나라 2015 개정 교육과정은 학생들이 미래 사회가 요구하는 핵심역량을 바탕으로 바른 인성을 갖춘 창의융합형 인재로 자랄 수 있도록 하는 것을 교육의 비전으로 삼았다. 학생들에게 미래 사회에 필요한 능력을 갖추도록 하는 것은 우리나라뿐만 아니라 세계 여러 나라에서 강조하고 있는 교육개혁의 주된 방향이다. 역량 교육은 교사가 가르친 것보다는 학생이 배운 것으로 눈을 돌리게 하며, 단순히 많이 알게 하는 것이 아니라 학생이 무엇을 할 수 있는가에 중점을 둔다. 학생은 단순히 지식이나 기능을 습득하기보다는 수행을 통해서 알고 있는 것을 구조화하고 적용하고 확장시켜 나가야 하며, 실세계를 반영한 상황과 맥락 속에서 수행의 전이를 경험할 수 있어야 한다.

역량 교육은 학생들 스스로 자신의 학습을 성찰하고 높은 수준의 사고를 할 수 있도록 이끄는 수업을 지향한다. 2015 개정 교육과정에서 말하는 다양한 학생 참여형 수업은 단순히 무엇인가를 해 보는 경험이 아니라, 학생의 적극적인 사고가 관여되는 수행의 의미로 바라볼 필요가 있다. 왜냐하면 역량 교육에서는 학습자에게 지식을 전달하는 것이 아니라 학습자의 경험과 지적 활동을 통해서 지식을 구성하고 창출하도록 가르쳐야 하기 때문이다. 이러한 수업을 통해 학습자가 학교에서 배운 지식, 기능 및 가치와 태도 등을 통합적으로 작동시켜 이후 다양한 삶의 장면에서 복잡한 요구 혹은 문제를 성공적으로 해결할 수 있게 되길 기대한다.

이 책에서는 학생들의 역량을 함양하기 위한 교육과정 설계 모형으로 이해중심 교육과정을 제안한다. 1부에서는 온정덕 교수님이 이해중심 교육과정의 이론적 기반을 간단하게 제시하였다. 2부에서는 변영임 선생님이 이해중심 교육과정의 백워드 설계에 따라 어떻게 단원을 설계하는지를 사례를 들어 설명하였다. 3부에서는 유수정 선생님이, 4부에서는 안나 선생님이 이해중심 교육과정의 백워드 설계 모형에 따라 단원을 개발하고 실행한 수업 실천 사례들을 제시하였다.

이해중심 교육과정understanding by design은 백워드 설계라고도 부르며 여러 나라의 국가·주·학급 수준에서 교육과정 설계 모형으로 활용된다. 이해중심 교육과정은 학생들의 '이해understanding'에 목표를 두고 교육과정을 설계하는 방식을 뜻하는데, 설계 과정에서 전통적인 방식과 다르게 평가를 먼저 생각하고 교수·학습 활동을 계획하기 때문에 백워드 설계라는 별칭으로 불린다. 이해는 "학생들이 아는 것을 자유자재로 유연하게 사고하고 행동하는 수행능력"이며Perkins, 1998, 학습자는 습득한 지식을 맥락과 다른 상황에서 적용하여 새로운 방식으로 산출할 수 있어야 한다. 이러한 면에서 역량 교육과 이해중심 교육과정이 추구하는 바는 일맥상통한다.

학생들의 이해를 목표로 하는 수업은 백워드 설계를 통해서 구체화될 수 있다. 백워드 설계는 크게 세 개의 단계로 이루어진다. 1단계에서는 교사가 성취기준을 분석하여 가르쳐야 할 "중요한" 내용이 무엇인지 파악한다. 그리고 학생들이 그 내용을 탐구의 과정을 통해 습득할 수 있도록 하는 핵심질문을 만든다. 핵심질문은 교사들이 수업 시간 중에 발문을 통해 학생들의 답을 얻는 것이 목적이 아니다. 핵심 질문은 교과의 성격과 구조를 드러내면서 그 단원의 핵심적인 내용과 방향을 보여 준다. 또한 단원 전체에 걸쳐서 이루어지는 교수·학습 활동이 단지 재미있는 활동이 아니라 탐구와 사고 중심으로 이루어질 수 있도록 돕는다. 교사는 핵심질문을 단원을 시작할 때뿐 아니라 중간에도 마지막에도 다시 불러와 학생들의 주의를 환기시키고 학습에 진전이 이루어지고 있는지 확인한다.

백워드 설계의 2단계에서는 학생들이 1단계에서 정한 핵심내용을 습득하고 이해에 도달했는지를 확인하기 위한 학습의 증거를 계획한다. 이 단계는 단원을 모두 마치고 나면 학생들이 무엇을 할 수 있어야 할 것인지를 먼저 생각해 보게 하는 것으로, 반드시 공식적 평가로 연결될 필요는 없다. 교사는 1단계의 내용에 비추어 학생들이 특정 상황에서 문제를 해결하도록 하는 수행과제를 계획하며, 이때 이해의 여섯 가지 측면(설명하기, 해석하기, 적용하기, 관점 가지기, 공감하기, 자기 지식 가지기)을 반영하여 과제를 개발한다. 또한 학생들이 자기평가하고 성찰할 수 있도록 하는 기회를 어떻게 제공할 것인지도 계획하고, 수행과제 이외에 어떤 방법으로 학생들의 학습을 확인할 것인지도 계획해야 한다.

3단계에서는 학생들이 수행과제를 성공적으로 달성하는 데 필요한 지식과 기능을 가르치고 생활과 연결시켜서 학생들이 개념을 형성하고 의미를 파악하는 데 필요한 다양한 학습 경험을 계획한다. 즉, 2단계는 3단계의 부분이 되며 교육과정, 수업, 평가가 일관되게 이루어질 수 있다.

최근 '교육과정·수업·평가 일체화'는 현장에서 하나의 교육 정책으로 자리매김되고 있지만, 이는 학교나 교사 수준뿐 아니라 국가 교육과정을 개발하고 실행할 때 고려되어야 할 중요한 원칙이다. 2015 개정 교육과정 총론 문서에도 교육과정 구성의 중점으로 "마. 교과의 교육 목표, 교육 내용, 교수·학습 및 평가의 일관성을 강화한다"라고 제시되어 있다.교육부, 2015a 이 사항은 모든 학생의 학습 경험의 성장을 우선에 두고 교육 내용, 교수·학습, 평가의 일관성이 확보될 때 의도한 교육 목표를 달성할 수 있음을 강조하는 것이다.

국가 수준에서는 교육과정·수업·평가의 일관성을 주요 원칙으로 제시하고 있으며, 학교 및 교사 수준에서는 이를 다양한 방식으로 실천할 수 있다. 이 책에서는 백워드 설계가 교·수·평 일체화를 실행하기 위해서 유일한 방식임을 주장하지 않지만, 설계의 논리에 비추어 볼 때 현장에서 단원을 개발할 때 교육과정, 수업, 평가가 일관되게 이루어질 수 있도록 하는 유용한 모형으로 본다.

이해중심 교육과정에서 고려해야 할 또 하나의 중요한 요소는 학생들의 다양한 특성에 부합하는 교수·학습 활동과 수행과제를 계획하는 것이다. 학생 맞춤형 수업은 학습자의 특성을 파악하여 학생의 출발점으로부터 최대한 성장을 이룰 수 있도록 교수·학습을 계획하는 것을 의미한다. 교사가 학생 맞춤형으로 수업을 계획할 때는 학습자의 특성을 파악하여 구체적인 전략을 세울 뿐 아니라 다양성을 존중하는 교수·학습 환경을 만들 필요가 있다. 그리고 맞춤형 수업은 탄탄한 교육과정의 바탕 위에서 이루어져야 한다. 교사는 학생들의 수준에 따라서 과제를 다양화하거나 선택할 수 있게 하지만, 그 특정 수준에서 '이해'를 도모할 수 있게 개발해야 하며, 모든 학생들이 학습에 능동적으로 관여 혹은 참여하도록 과제를 제시해야 한다.

핵심내용과 목적이 부재한 상태에서 맞춤형 수업을 실행하면 학습에 어려움을 겪는 학생들에게는 다른 학생들보다 학습의 양을 더 줄이고 더 뛰어난 학생들에게는 다른 학생들보다 더 많은 양의 학습을 하게 할 수 있다. 혹은 반대로 어려움을 겪는 학생들에게 자신이 이해하지 못하는 것을 적어 보라고 하거나 뛰어난 학생들에게 그들이 이미 과제를 시작하기 전에 다 이해한 것을 더 많이 시키는 것 또한 도움이 되지 않는다.Tomlinson & McTighe, 2006

또한 많은 교사들이 학생의 수준에 따른 맞춤형 수업을 계획할 때, 높은 수준의 사고는 뛰어난 학생용이고 기초적인 기능은 부진한 학생용이라는 방식으로 잘못 사용해 왔다. 맞춤형 수업의 핵심은 모든 학생에게 그들에게 적합한 방식으로 의미 있는 지식과 기능의 적용 기회를 제공하는 데 있다. 학생들이 공통의 이해에 도달하는 것을 목표로 하되 다양한 길을 제공하는 것이다. 이해중심 교육과정과 학생 맞춤형 수업을 통합할 때는 다음과 같은 점을 유의해야 한다.

첫째, 백워드 설계 1단계에서 파악한 빅아이디어 혹은 일반화는 모든 학생들에게 가르쳐야 할 것이기에 학생의 배경 지식, 관심, 선호하는 학습 양상의 차이에 상관없이 모두에게 동일한 목표가 된다. 즉, 누구를 가르치는가에 따라서 빅아이디어와 핵심질문을 수정하지는 않는다. 하지만 학생들이 그 일반화에 도달하도록 도와주는 구체적인 지식과 기능은 사전 평가의 결과에 따라서 학생들에 맞추어 약간 수정될 수 있다. 일반적으로 학생들은 선행 지식과 기능 수준이 다양하기 때문에 맞춤형 수업을 할 때 교사는 학생들의 지식과 기능의 격차를 줄이고자 한다. 교사는 선행 지식과 기능을 드러내 줄 수 있는 효과적인 사전평가나 진단평가를 하고 그 결과를 수업 계획에 반영해야 한다.

둘째, 학생들에게 평가과제를 줄 때는 그들로 하여금 자신이 선호

하는 방식으로 알고 있고 할 수 있는 것을 드러내게 선택권을 준다. 자신들이 이해하고 있는 것을 동일한 양식으로 표현할 필요는 없는 것이다. 학생의 특성이 다양한 학급에서 교사는 학생들에게 자신이 이해한 것을 시각적 자료를 보다 많이 활용하여 보여 주거나 역할놀이와 같은 행동으로 표현하게 할 수도 있고, 글쓰기를 통해서 드러내게 할 수도 있다. 하지만 다른 종류의 수행과제를 선택할 수 있게 하더라도, 결과물을 평가하는 평가 준거는 1단계의 핵심내용에 비추어 공통적으로 구성되어야 한다.

셋째, 맞춤형 수업은 교수·학습 활동의 계획과 실행에서 가장 활발하게 일어난다. 교사는 학생들의 준비도, 흥미, 혹은 학습 프로파일에 반응적인 방식으로 다양한 종류의 수업 자료와 활동을 제공하여 학습자 각자의 학습을 최대화한다. 학생들의 학습 유형에 맞게 탐구하고 표현할 수 있도록 여러 옵션을 주어 학습을 다양화할 수도 있고, 학생들이 개별적으로 또는 짝과 함께 활동을 할 수 있도록 허용하거나, 때로는 좀 더 확산적인 방식으로 또는 좀 더 수렴적인 방식으로 생각을 표현할 수 있도록 하여 모든 학습의 가능성을 살려낸다.

따라서 '모든' 학생을 대상으로 이해중심 교육과정이 성공적으로 실행되게 하기 위해서는 학생들의 특성을 파악해야 한다. 이와 함께 무엇을 중요한 교육 내용으로 삼아야 할 것인지에 대한 다양한 방식과 종류의 학습 결과를 염두에 두고 고차원적인 사고를 요하는 실제적인 과제를 통해 핵심지식과 탐구 기능을 획득하고 적용할 수 있게 도와주어야 한다.

요약하면, 이해중심 교육과정의 백워드 설계는 다음과 같은 특징이 있다.김경자·온정덕·이경진, 2017

- '이해'를 목표로 교육과정을 설계한다.
- 단원의 내용을 선정, 조직할 때 중요한 핵심내용을 중심으로 구조화한다.
- 중요한 핵심내용을 중심으로 교과 내용 간 연계하고 통합한다.
- 실세계 맥락과 연결된, 다양한 해결책을 강조하는 수행과제를 설계하고 협력과제를 포함한다.
- 평가를 수업의 통합된 부분으로 설계한다.
- '이해'와 학습 활동을 이해의 증거를 드러내는 수행과제를 포함하는 평가 설계를 통해 연결한다.
- 학생 맞춤형 수업을 교수·학습 활동 설계에 적용한다.

이 책은 저자들의 연구와 실천 과정에서 산출된 것이다. '이해를 위한 교육과정 연구회'는 이러한 과정의 출발이자 촉매제가 되었다. 연구회 교사들은 이해중심 교육과정에 따라 단원을 설계하고 공유하며 주기적으로 만나 피드백을 주고받으며 이론을 실천 속에서 재탄생시키고 있다. '이해를 위한 교육과정 연구회' 선생님들의 실천과 노력에 깊은 감사를 드린다. 또한 이 책의 출판을 도와주신 살림터 출판사 정광일 대표와 편집부 직원 여러분에게도 심심한 감사를 드린다.

2018년 11월
저자

차례 --

3부 아이들이 들려주는 학교 이야기

4부 시가 피어나는 교실 이야기

1부

이해중심 교육과정 만나기

1장
왜 이해를 목표로
교육과정을 설계해야 하는가?

우리는 몇 세기에 걸쳐서 아동 중심의 교육을 부르짖으며 지식 위주의 교육을 비판해 왔다. 하지만 지식 위주의 교육과 아동 중심의 교육은 서로 반대되는 것인가? 그리고 지식 위주의 교육이라고 할 때 그 지식은 무엇을 말하는 것인가? 지식 위주의 교육에 대한 비판은 아마도 지식을 가르치지 말자는 주장이 아니라 유용하지 못한 지식을 가르치는 것을 지적하는 것으로 해석할 수 있다. 그렇다면 어떤 지식을 가르쳐야 유용한가? 그리고 그 지식을 어떻게 가르쳐야 아동을 학습의 중심에 놓을 수 있는가?

1. 우리는 무엇을 어떻게 가르치는가?

우리는 학교에서 무엇을 가르치는가? 학교에서 이루어지는 교육 활동은 교과 학습을 중심으로 이루어진다. 인성 교육을 하지 않는다는 의미가 아니라 학교 교육과정은 교과라는 틀로 구성된다는 뜻이다. 교과는 진리 추구의 가치와 삶의 유용성이라는 잣대에 비추어 '선택되어' 학교 교육과정으로 들어온다. 그리고 각 교과는 특정 학문(들)에 기반을 둔다. 즉, 교과는 학문이 학교 교육을 받는 학습자들에 맞게 변환된 것이다. 학문은 점차 전문화되고 복잡해지지만 기본적으로 그 학문의 기초를 이루는 근간이 되는 개념들이 있다. 우리는 이것을 기초 개념이라고 부르기도 하지만, 사실은 기초basic가 아니라 핵심core 혹은 key 개념이라 부르는 것이 더 타당해 보인다. 왜냐하면 그 개념들은 그 후 다른 개념들을 파생시키고 다른 개념들과 결합하여 학문의 틀과 이론을 구성하기 때문이다.

학문이라는 체계를 이루는 개념에는 적용 범위가 넓은 매크로 개념이 있고 또 적용 범위가 좁은 마이크로 개념도 있다. 이 개념들은 따로 존재하는 것이 아니라 서로 연결되어 있다. 전문가들은 개념들을 서로 연결하여 이론을 만들어 낸다. 학문 영역에 따라 원리 혹은 법칙이라고 부르기도 하며, 때로는 일반화라고 부르기도 한다. 개념들과 개념들의 연결을 바탕으로 만들어진 원리, 법칙, 일반화는 다양한 현상들을 설명하고 해석하고 예측할 수 있도록 도와주는 도구이면서 새로운 이론을 창출하는 기반이 된다.

이제 우리가 학교에서 가르치는 지식으로 눈을 돌려 보자. 우리는 학생들에게 개념이나 원리 혹은 일반화를 가르치는가? 많은 양의 정보와 사실들을 가르치는가? 아니면 이 모든 것들을 가르치는가?

만약 개념이나 원리/일반화를 가르친다고 하면, 어떻게 가르치고 있는가? 학생들이 그 의미를 파악하고 개념들과 일반화를 도출하는 방식으로 가르치는가? 학생들이 배운 개념을 적용해 문제를 해결하도록 가르치고 평가하는가? 한 과목의 원리를 다른 과목의 원리와 연결해서 가르치는가? 아니면 개념의 목록들을 나열하고 암기하게 하는가? 혹은 암기한 것을 대입해서 문제를 풀게 하지는 않는가?

만약 많은 양의 정보와 사실들을 가르친다면, 어떻게 가르치고 있는가? 학생들이 교과서에 밑줄을 치고 문제집을 풀면서 단순 문제풀이를 하고 있지는 않은가? 인터넷에 검색하면 바로 나오는 정보를 굳이 학생들에게 조사학습이라는 이름으로 정보를 수집하고 테크놀로지를 이용하여 발표하게 하고 있지는 않은가? 혹은 재미있는 게임을 통해서 사소한 정보나 사실들을 가르치고 있지는 않은가?

만약 이 모든 것들을 가르친다면 어떠한 관계 속에서 가르치는가? 평행적으로 가르치는가? 아니면 사실과 정보, 개념들의 관계를 학생들이 파악할 수 있도록 가르치는가? 학생들이 그 관계를 파악하고 그것을 바탕으로 어떤 원리나 일반화에 도달할 수 있도록 가르치는가? 학생들이 원리나 일반화에 도달할 수 있도록 사고하고 탐구하는 기회를 제공하는가?

이해를 위한 수업에서는 무엇을 가르쳐야 할 것인가? 단순히 말하면 사실과 개념, 개념과 일반화의 관계, 그리고 일반화에 도달하는 데 필요한 사고 기능과 탐구 과정을 가르쳐야 한다. 하지만 이를 피라미드처럼 시각화해 보면, 가장 아래에는 사실과 정보가 있다. 그다음 칸에는 개념과 기능(교과 고유의 사고 기능 및 탐구 과정), 가장 위에는 일반화 혹은 원리를 놓을 수 있다. 피라미드의 위로 올라갈수록 수는 적어지지만 전이의 정도는 높다. '시간에 비해 가르칠 것이 너무 많고', '진도 나가기도 힘든' 상황이라면 학교에서는 무엇을 가르쳐야 할 것인가? 그리고 가르칠 것이 많다고 했을 때 그 가르칠 것의 대상은 사실인가? 개념인가? 원리인가?

지식의 성격과 함께 중요한 것은 이 세 칸이 단절되어 있는 것이 아니라 서로 연결되어 있다는 점이다. 이는 사실을 그 자체로서 가르치지 말고 개념에 비추어서 가르쳐야 함을 암시하며, 학생들이 개념들로부터 일반화를 이끌어 낼 수 있도록 가르쳐야 함을 암시한다. 또한 일반적인 사고 기능을 가정하기보다는 사고하는 대상인 지식이 있어야 함을 의미한다. 흔히 비판적 사고, 창의적 사고, 의사결정 기능 등을 이야기하지만 이러한 사고 기능은 그 자체로서 길러지는 것이 아니라 사실적 지식이나 개념적 지식과 결합된다. 그런데 사실적 지식과 결합되는 기능은 주로 낮은 수준의 기능이며, 개념적 지식으로 올라가면서 보다 높은 수준의 기능과 사고를 필요로 한다. 만약 개념적 지식을 낮은 수준의 사고인 '기억하기'와 결합시키면 개념적 지식을 그냥 사실fact로 배우는 것이 된다.

2. '이해'가 왜 중요한가?

'이해'의 의미는 이해를 위한 교수Teaching for Understanding와 이해중심 교육과정Understanding by Design에서 찾을 수 있다. '이해를 위한 교수'는 퍼킨스Perkins가 제안했는데, 그는 이를 "자신이 아는 것을 가지고 생각하고 유연하게 행동하는 능력"Perkins, 1998, p. 40이라 정의한다. 일상적인 대화에서 우리는 "무슨 말인지 알겠어, 핵심을 알겠어"라는 표현을 쓴다. 이는 상식 수준에서 지각과 이해를 견고하게 연결시키는 문장으로, 우리는 어떤 대상이 마음속에서 그려질 때 이해했다고 표현한다. 심리학 연구에서도 이해는 적절한 표상을 구성하거나 획득하는 것으로 보고 있다. 그러나 퍼킨스는 우리가 무엇을 이해했다는 것이 어떤 의미를 지니는지 의문을 제기한다. 우리가 뉴턴의 법칙을 강의로 들었다고 해도 그것에 대해 다른 사람에게 설명하거나, 법칙에 대해 비판하고, 그것을 적용하여 문제를 해결하기란 쉽지 않다. 그는 이해란 마음속에 그려진 단순한 이미지 이상의 것으로, 그것을 가지고 무엇을 할 수 있어야 하는 것이라고 말한다. 문장이나 순간의 이미지를 소유하는 것이 아니라 사고 과정이 반영된 수행의 결과로 나타나는 것이다.Perkins, 1998

『이해중심 교육과정』은 1998년 위긴스Wiggins와 맥타이McTighe가 책을 출판하면서 많은 교육자의 관심을 끌었다. 1990년대에는 교육에서 수월성이 강조되면서 교육과정에는 기준 운동standards movement이, 평가에는 수행평가가 교육개혁의 큰 흐름으로 들어왔다. 교육과정에서는 학생들이 4, 8, 12학년을 마치고 나면 무엇을 알고 할 수 있어야 할 것인지 기대치를 제시했다. 이것은 내용 기준이라고 불렸는데, 그 후에 학생들이 그 내용을 알았으면 어떠한 수행으로 배웠다는 것을 드러낼 것인가에 대한 논의가 이루어졌고, 이로 인해 수행 기준이 만들어졌다. 따라서 교실에서는 수행 중심의 교수·학습과 수행평가가 강조되었다.

하지만 2000년에 들어서 부시Bush 정부에서 〈아동낙오방지법No Child Left Behind〉이 통과되면서 많은 어려움에 부딪히고 부작용을 낳게 되었다. 이 법안은 2012년까지 어떤 학생도 뒤처지지 않고 '모든' 학생들이 일정 수행 수준에 도달해야 하고 이를 객관식 평가 결과로 판단하겠다는 아이디어에 근거하였다. 그러나 실행 방식과 처벌 및 보상의 문제로 인해 시험에 맞춘 수업을 하게 하는 현장의 왜곡을 가져왔다. 또한 평가 유도 수업measurement driven instruction은 학생들에게 중요한 지식과 기능을 평가에 반영함으로써 질적으로 높은 교육과정과 수업을 끌어내겠다는 아이디어에 근거하지만, 본래의 의도와 달리 실제 현장에서는 객관식 시험문제에 나오는 '사실' 위주로 가르치게 되면서 고등사고력을 간과하고 오히려 학력의 하향평준화를 가져오게 되었다. 이에 미국 학교 현장과 학계에서는 이러한 교육 현상에 대한 비판과 함께 지속적인 반성이 일어났고, 위긴스와 맥타이는 2005년에 제2판을 확장판으로 출간하였다. 이들은 확장판에서 애초에 제시한 이해중심 교육과정의 의미와 백워드 설계를 더욱더 상세하게 설명하였고, 이는 지금까지 학교 현장에서 교육과정 설계 모형으로 자리 잡고 있다.

위긴스와 맥타이1998: 2005에 따르면 학생들에게 일반화/원리를 가르친다는 것은 그것의 의미를 파악하고 일반화/원리를 내면화하여 새로운 상황과 맥락에서 그것을 적용하고 활용할 수 있도록 하는 것이라고 본다. 그리고 이러한 역할을 하는 일반화/원리를 '영속적 이해 enduring understanding'라고 부른다. 이들은 이해를 지식의 완전 습득과 적용으로 규정한다. 학습자들이 (1) 습득한 지식을 서로 연관 지어 맥락 속에서 의미를 파악하고, (2) 새로운 상황에 유연하고 유창하게 적용시킴으로써 (3) 이해를 구성하게 된다. 이해의 의미를 완벽하게 정의 내리기는 힘들지만, 추론, 전이, 개인적으로 패턴화한 지식이라는 세 가지 차원으로 구성된다.

첫 번째, '추론'은 습득의 과정으로 볼 수 있다. 이는 교과의 구조를 이해하는 과정으로 학습자들은 행간의 의미를 이해하고 패턴이나 구조를 파악하는 사고 과정을 의미한다고 볼 수 있다. 학습자는 새로운 내용을 배울 때 자신의 선경험과 선지식을 동원하여 새로운 정보를 해석하고자 한다. 예를 들어, 학습 상황에서 일이나 사건이 어떻게 작동하는지, 무엇이 원인이고 어떤 결과로 이어지는지 등의 관계를 파악한다. 이러한 '추론'을 통해 학습자들은 지식과 기능을 습득하게 된다. 두 번째, '전이'는 적용의 과정으로 해석될 수 있다. 학습자는 자신이 알고 있는 지식과 기능을 새로운 상황에 유창하고 유연하게 적용하는 과정을 거쳐야 하는데 이를 '전이'라고 한다. 즉 학습자는 습득한 지식을 새로운 상황에 적용하여 새로운 방식으로 결과물을 산출할 수 있어야 한다.

위의 두 가지 차원이 동사로서의 '이해하다'에 초점을 맞추고 있다면, 마지막 차원인 '패턴화한 지식'은 '이해한 것'이라는 명사로서의 이해를 의미한다. 학습자는 사고와 통찰을 통해 학습한 것을 다양하고 새로운 맥락 속에서 사용할 수 있도록 조건화하고 일반화하게 되며, 학습자가 배운 것을 '자기 것'으로 만들어 낸 것을 '개인적으로 패턴화한 지식'이라고 할 수 있다. 교과 교육과정에서는 교과가 기반한 학문 분야의 전문가들이 만들어 낸 '패턴화한 지식'을 학습 내용으로 제시한다. 전문가들이 만들어 낸 패턴화한 지식은 학문적 전통과 사고의 결과물이며, 이론이나 일반화로 불린다. 학교에서는 이 패턴화한 지식을 학습자가 나름대로의 방식으로 구성하고 내면화할 수 있도록 가르쳐야 한다.Wiggins & McTighe, 2005; 김경자·온정덕·이경진, 2017

학생이 배운 내용을 이해했다면 새로운 상황에 적용을 할 수 있어야 한다. 이 전이 능력은 특정 상황에서 학습한 것을 새로운 상황에 적용시킬 수 있는 능력을 의미한다. 학습의 지속성(전이)과 지식의 확장이라는 측면에서 이해는 교육의 중요한 목적이 된다. 하지만 우리는 많은 경우 폭은 넓지만 깊이는 얕은 문제를 푸는 데 시간을 보내고 있고 시험에서는 이해보다는 암기 능력을 측정한다.

학교 교육의 주요 목적인 '학습의 전이'는 구체적 사실에 대한 암기가 아니라 이해의 정도와 깊이에 영향을 받는다. 학습자는 연결되지 않는 낱낱의 사실(단편적 지식)이나 조직화되어 있지 않은 지식을 배울 때 전이를 잘하지 못한다. 따라서 이해중심 교육과정에서는 일반화와 원리(개념들 간의 관련성)가 핵심적인 내용이 되지만, 학생들이 일반화와 원리를 이해하는 것을 돕기 위해서 원리와 일반화를 뒷받침하는 사실, 개념, 사고 및 탐구 기능을 함께 가르쳐야 한다. 또한 학생들이 사실들 간의 관련성, 사실과 개념, 개념들 간의 관련성을 파악하고 이 과정에서 적극적으로 사고할 수 있도록 해야 한다. 학습의 전이를 궁극적인 목표로 하여 교육과정을 어떻게 설계할 것인지 보다 구체적인 단계와 구성 요소는 다음 장에서 다룬다.

2장
이해중심 교육과정 어떻게 설계할 것인가?[1]

우리는 학교에서 교과 내용을 가르칠 때 교과서 단원의 순서에 따라 주별, 월별 진도표를 만들고 이에 맞추어 교과서의 내용을 가르치거나 활동을 계획한다. 교과서는 교수·학습 자료의 하나지만 교과서가 여전히 교육과정을 압도하는 상황이 반복되고 있다.

학생들이 배운 내용을 '이해'하는 수업, 즉 학생들이 특정 학년에 특정 교과에서 배운 내용을 다른 학년에서 그 교과나 다른 교과를 배울 때 적용할 수 있도록 하는 수업, 혹은 한 교과에서 배운 내용을 다른 교과의 내용을 배울 때 서로 관련을 지을 수 있도록 하는 수업, 혹은 학교에서 배운 내용을 실생활 문제를 해결하거나 다양한 과학적·사회적 현상을 설명할 수 있도록 하는 수업을 위해서는 교사의 전문성과 노력이 필요하다.

이해를 위한 수업을 위해 위긴스와 맥타이[2005]는 백워드 설계를 제시하였다. 이는 크게 3단계로 이루어진다.

---

1. 이 장의 내용은 저자들의 동의를 받아 김경자·온정덕·이경진(2017), 『역량 함양을 위한 교육과정 설계: 이해를 위한 수업』(교육아카데미)의 4장, 5장, 6장의 내용을 요약·재조직하였음.

1단계 기대하는 학습 결과	⇨	2단계 이해의 다양한 증거	⇨	3단계 학습 계획

　백워드 설계의 첫 번째 단계에서는 핵심내용이 무엇인가를 구조화하여 가장 중요한 소수의 빅아이디어[2] 또는 일반화를 학습하기 위한 개념, 사고 기능과 탐구 과정, 사실적 지식과 정보들을 파악하고, 이를 학년·단원 수준의 내용으로 구체화(계열화, designing down)한다. 그리고 교과의 교육 내용을 수행능력과 관련짓고, 학생들이 빅아이디어, 일반화를 심층적으로 학습하는 것을 안내하고 지원하는 핵심질문을 개발한다.

　백워드 설계의 두 번째 단계에서 교사는 학생들이 이해에 도달하였음을 확인할 수 있는 실생활 맥락과 밀접하게 관련된 수행평가과제를 개발한다. 위긴스와 맥타이는 우리가 무엇을 제대로 이해했을 때 보이는 수행을 여섯 가지로 제시한다. 설명할 수 있고, 해석할 수 있고, 적용할 수 있고, 관점을 가질 수 있고, 공감할 수 있으며, 자신의 사고 과정을 성찰할 수 있다는 것이다. 이러한 이해의 여섯 측면은 학습자들이 학습을 이해했는지 나타내는 지표의 역할을 하므로, 이해의 측면을 반영한 수행평가과제 개발이 이루어져야 한다. 또한 수행평가과제와 더불어 그 외의 평가 방법을 고안해야 하며, 어떻게 학생들이 자기평가와 반성을 할 수 있도록 할 것인가도 계획해야 한다.

　백워드 설계의 세 번째 단계는 학생들이 수행과제를 성공적으로 수

---

2. 여러 개념들은 그 개념들 간의 공통 속성을 중심으로 묶이는데 이것을 빅아이디어라고 부른다. 빅아이디어는 특정 교과나 학문에서 현상을 설명하고 해석하는 데 도움을 주는 개념적 렌즈로 작동한다.

행할 수 있도록 지원하는 방식으로 학습 활동을 계획한다. 수업에서 진행될 모든 교수·학습 활동은 학생들의 '이해'를 돕는 것이며 이때 수행과제는 최종 학습 활동이면서 동시에 학생들의 이해를 확인하는 평가과제가 된다. 특히 모든 학생들이 이해에 도달할 수 있도록 학습자의 필요와 요구에 맞춘 학습 활동 조직이 필요하다.

1. 무엇을 중심으로 가르칠 것인가?

내용의 우선순위 정하기

우리는 대체로 단원을 설계할 때 교과서를 참고하면서 교과 교육과정 문서를 함께 살펴본다. 우리는 '가르칠 내용이 많다'고 불만을 이야기하지만, 가르칠 내용의 '성격'을 파악할 필요가 있다. 왜냐하면 많은 내용을 가르쳐야 한다면 무엇을 중심으로 가르칠 것인지에 대한 고민이 필요하다. 무엇이 더 중요한지 생각하지 않으면 방대한 양의 내용을 똑같이 중요한 것처럼 가르치게 되기 때문이다.

위긴스와 맥타이[1998; 2005]에 따르면 우선순위가 가장 높은 것은 '영속적 이해'이다. '영속적 이해'는 개념들 간의 관련성을 드러내며, 개념보다 더욱 다양한 상황과 많은 사실에 적용된다. 두 번째 원에 속해 있는 '중요한 개념과 기능들'은 사실들 간의 관계를 구조화한 것으로, 학습자가 영속적 이해에 도달하는 데 필요한 필수적인 지식과 기능이다. 가장 바깥쪽의 원은 학생들이 친숙해질 필요가 있는 사실이나 정보들이다. 따라서 친숙해야 할 가치가 있는 사실과 정보, 중요한 개념과 기능들은 모두 궁극적으로는 빅아이디어, 영속적 이해 혹은 일반화를 이해하도록 돕기 위해 선정되는 것이다.

내용의 우선순위

출처: Wiggins & McTighe(1998), p. 15

영속적 이해enduring understanding는 학생들이 사실들을 모두 잊어버려도 남아 있는 가장 일반적이고 포괄적인 수준의 일반화와 원리이다. 단편적인 사실들이 모여서 개념을 이루며, 개념들은 다시 일반화나 원리로 묶인다. 영속적이라는 표현을 사용하는 이유는 학생들의 마음속에 남아서 필요할 때마다 또는 어떤 새로운 상황에 부딪쳤을 때 다시 불러올 수 있는 아이디어이기 때문이다.

사회과 지리 영역에서 영속적 이해의 예로 "지역의 지리적 차이는 사회적, 경제적, 정치적 차이를 가져올 수 있다"를 들 수 있다. 이 경우 교사는 학생들이 여러 지역과 지역의 특성들만을 암기하도록 하는 것이 아니라 지역적 차이와 특성들이 사회, 경제, 정치적 요소와 어떻게 관련되는지를 파악할 수 있도록 가르치게 된다. 수학과의 경우 "규칙성과 관계는 도표, 수, 기호, 언어로 표현될 수 있다"가 영속적 이해의 한 예이다. 학생들에게 방정식이나 함수를 공식에 따라 문제를 풀게 하는 것이 아니라 규칙성과 관계를 표현하는 것에 초점을 맞추게 된다.

영속적 이해는 개념과 사실들뿐 아니라 기능을 아우르기도 한다. 기능을 포괄하는 영속적 이해는 기능을 기계적으로 사용하게 하는 것이 아니라 교과를 '할 수 있게' 하기 위한 것이다. 국어과의 예로 "독자는 읽을 때에 특정 전략을 개발하고 선택하며 글에 대한 이해를 높인다"를 들 수 있다.

어떤 이해는 본래 그 성격상 포괄적인 반면, 어떤 것은 보다 구체적이다. 이 둘을 구별하는 어떤 공식이나 규칙은 없지만 포괄적 이해가 궁극적으로 추구하는 것은 전이 가능한 통찰의 성격을 띠고, 소재적 이해는 특정 소재나 단원과 결부된 보다 구체적인 성격을 띤다고 보면 된다. 따라서 영속적 이해는 그 범주와 일반화의 정도에 따라서 포괄적 이해overarching understanding와 소재적 이해topical understanding로 구분된다. 포괄적 이해는 특정 단원을 넘어서서 학생들이 도달하길 바라는 일반적이고 전이 가능한 이해를 의미하며 학교급을 관통하여 반복된다. 그리고 소재적 이해는 교과의 단원이나 소재와 관련된 이해로 특정 단원의 내용 요소와 결합하여 학생들이 도달하기를 바라는 것으로 단원의 구체적인 소재, 사건, 혹은 텍스트가 언급되기도 한다. 소재적 이해(단원 수준의 이해)는 다루는 내용의 범위를 보여 주며 학교급별로 달라질 수 있다.

개념과 기능은 사고를 불러일으키며 학생들을 영속적 이해로 안내하는 역할을 한다. 사실과 정보들은 개념과 일반화의 예building blocks이며, 개념은 사실들 간의 관계를 구조화한다. 예를 들면, 사회과에서 구체적인 역사적 사건들이나 특정 문화의 사례는 사실들에 해당하고 이러한 사실들은 문화, 인권, 평등, 사회 변화, 권력, 권위, 억압과 같은 개념들을 이해하는 데 도움을 준다. 이와 같은 사회과학의 개념들은 사회 현상의 의미를 규정짓는 속성에 근거하여 개별 사실들을 묶어서 바라보게 해 준다.

앞의 '내용의 우선순위' 그림에서 주목해야 할 점은 중요한 개념과 기능을 동시에 다루고 있다는 점이다. 지식뿐만 아니라 기능을 통합적으로 적용하여 기능은 교육 내용으로서 가르쳐야 할 것이면서 지식을 습득하는 과정임을 명확히 하고 있다. 즉, 교사는 교과의 지식을 다루지만 그것을 학생들이 기억하는 데 그치지 않고, 다양한 사고 기능과 탐구 과정을 이용하여 교과의 지식을 습득하고 활용할 수 있도록 도와주어야 한다.

기능은 교과를 넘나드는 일반적 사고 기능과 교과가 기반을 둔 학문 고유의 탐구 기능 모두를 일컬으며, 학습자가 사실과 개념들을 서로의 관계 속에서 구조화하고 일반화에 도달하는 데 활용하는 사고 기능과 탐구 과정 모두를 포함한다. 과학자들의 사고 기능 및 탐구 과정은 역사가들과 다르다. 이는 학생들에게 과학 교과와 역사 교과를 가르칠 때, 내용과 함께 어떤 종류의 사고 기능 및 탐구 과정을 포함해야 하는지를 암시한다. 과학 교과 특유의 탐구 기능은 관찰하기, 실험 설계하기, 가정하기, 추론하기, 결론 도출하기 등을 포함하게 될 것이며, 역사 교과의 경우는 자료원의 타당성과 신뢰성을 분석·평가하기, 다양한 관점 해석하기, 일련의 사건들에 대해 잠정적인 설명하기 등을 포함할 것이다.

주의해야 할 것은 무엇을 '할 수 있다'로 표현되기 때문에 교수·학습 활동과 혼동을 일으키기도 하는데, 기능은 지식을 습득하는 데 활용되는 과정이면서 동시에 그 자체로서 학습되어야 할 절차적인 지식이다. 예를 들어 '역할놀이하기'는 '다양한 관점을 고려하여 의사결정하기'라는 기능을 가르치거나 '다양성'이라는 아이디어를 가르치기 위한 활동이지 역할놀이를 어떻게 할 것인가를 가르치는 것이 목적은 아니다. 따라서 역할놀이는 기능이 아닌 활동이 된다.

2. 어떻게 학생들의 사고와 탐구를 유도할 것인가?

핵심질문 만들기

이해를 위한 수업에서는 교과의 원리와 일반화를 암기하도록 하거나 그것을 전달식으로 가르치는 것이 아니라 학생들이 이해에 "도달" 할 수 있도록 도와주어야 한다. 즉, 학생들이 스스로 질문하고, 조사하고, 구성하고, 수정하고, 결론에 도달할 수 있도록 하는 탐구가 이루어져야 한다. 이를 가능하게 하는 요소가 바로 핵심질문이다.

핵심질문은 학생들의 사고를 촉진시키고 핵심 개념과 일반화에 비추어 의미 구성을 돕는다. 또한 핵심질문은 학습자에게 탐구심과 호기심을 불러일으키는 개방형 방식으로 구성되므로, 학습자가 단원 전체에 걸쳐서 논쟁하고 탐구하고 결론을 도출하도록 이끈다.

핵심질문은 구체적인 소재, 사건 혹은 텍스트를 넘어선 전이가 가능한 아이디어를 담은 포괄적 질문과 특정 단원 내에서 내용을 반영하는 소재적 질문(단원 수준의 핵심질문)으로 구성된다. 소재적 질문은 포괄적 질문보다 더욱 구체적이라 하더라도 단 하나의 정답을 요구하지는 않는다. 오히려 단원의 사실, 정보로부터 정당화할 수 있는 여러 가지 답이 있을 수 있다. 이러한 질문은 모두 탐구와 토론을 이끌고 학생의 사고를 유도한다.

핵심질문을 어떻게 만들 것인가에 대해 위긴스와 맥타이[2013]는 다음과 같은 방법을 제시한다.

- 가르치고자 하는 학습 내용과 관련하여 학습자가 학습해야 할 '답'이 명시되어 있다면 그 답으로부터 핵심질문을 만들 수 있다. 예를 들어, '정부의 삼권 분립'이 학습자가 학습해야 할 학습 내용이라면, '학생들에게 정부권력의 균형은 왜 필요한가?', '권력의 남용을 어떻게 막을 수 있을까?', '어떻게 지도자들을 점검하고 비교 평가할 수 있을까?'와 같은 질문을 할 수 있다. 보다 구체적으로는 '정부의 삼권 분립 구조는 얼마나 효과적이며 이에 대한 실행 가능한 대안은 무엇인가?'라는 핵심질문도 가능하다.
- 성취기준에 제시된 명사와 동사를 분석해 핵심질문을 만들 수 있다. 교사는 성취기준을 분석하여 핵심 동사와 명사를 파악한다. 이 핵심 동사와 명사는 학생들이 탐구해야 할 중요한 질문의 기반이 된다.
- 학생들이 도달하길 바라는 이해(일반화 혹은 영속적 이해)로부터 핵심질문을 도출할 수 있다. 핵심질문은 학생들이 도달하기를 기대하는 이해로의 관문이다. 따라서 학생들이 탐구의 결과로서 궁극적으로 도달해야 할 이해가 무엇인지 생각하고 이로부터 핵심질문을 도출하는 것이 유용하다.
- 포괄적 핵심질문으로부터 소재적 핵심질문을 만들 수 있다.
- 학습자의 오개념을 고려하여 핵심질문을 만들 수 있다. 학생들은 새로운 것을 배울 때 사전 지식을 기반으로 학습하므로, 교사는 학생들이 가지고 있는 오개념을 파악할 필요가 있다.
- 이해의 여섯 가지 측면, 즉 설명하기, 해석하기, 적용하기, 관점 가지기, 공감하기, 자기 지식 가지기를 활용하여 만들 수 있다.

이와 함께 위긴스와 맥타이[2005]는 핵심질문을 활용할 때 고려해야할 사항을 다음과 같이 제시하였다.

- 질문을 중심으로 단원과 차시를 구성하고, 그 질문에 답할 수 있는 '내용'을 연결한다.
- 질문에 대한 탐구가 이루어지도록 평가과제를 만든다.
- 단원마다 질문은 2~5개로 한정하고 학생들이 핵심질문 몇 가지에 집중하여 깊이 있는 탐구가 이루어지도록 한다.
- 학생들이 친근하게 여길 수 있도록 학생의 말로 기술한다. 질문을 만들고 제시할 때 학생들을 참여시킨다.
- 모든 학생이 질문을 이해하였는지, 그리고 그것이 중요하다고 여기는지 확인한다.
- 하나의 질문이 다른 질문들과 연결되도록 제시한다.
- 학생들이 질문 자체를 명료하게 이해할 수 있도록 돕는다.

3. 학생들이 이해했는지 어떻게 알 수 있는가?

평가 계획하기

우리는 타일러의 목표 모형(목표 설정-내용 선정 및 조직-학습 활동계획-평가 계획)에 익숙해 있다. 단원을 설계할 때 학습 목표를 보고그 학습 목표를 달성하기 위해서 무엇을 가르쳐야 할 것인지, 어떤 활동을 할 것인지, 교과서를 참고하여 계획한다. 그리고 학습 목표를 달성하기 위한 평가를 계획한다.

하지만 백워드 설계에서는 학생들이 무엇을 이해할 수 있어야 하는지 이해의 목표를 설정하고, 탐구와 사고를 통해 이해에 도달할 수 있도록 핵심질문을 만든다. 그리고 그 이해에 도달할 수 있도록 어떤 사실, 개념, 기능을 가르쳐야 할 것인지를 결정한다. 그다음에 교수·학습 활동을 계획하는 것이 아니라 학생들이 이해에 도달했다면 무엇을 할 수 있어야 하는지 이해의 증거를 계획한다. 즉 평가를 먼저 계획하는데, 그 평가가 사실적 지식에 대한 평가가 아니라 이해에 대한 평가인 것이다. 앞서 말한 이해의 지표가 되는 '이해의 여섯 가지 측면'을 학생들이 드러낼 수 있도록 하는 과제를 만들며, 이러한 과제는 학생들의 수행 과정과 수행 결과로 보여 주어야 하므로 수행평가과제[3]라고 부른다.

이해의 증거를 확보하려면 평가하기 쉬운 것을 평가하는 것이 아니라 학습자들이 진정으로 이해했다는 것을 보여 주는 증거를 얻을 수 있어야 한다. 앞서 '이해'의 의미와 백워드 1단계에서 설명한 바와 같이, 이해란 학생들이 아는 것을 자유자재로 유연하게 사고하고 행동하는 수행능력이라고 하였다. 그렇다면 이해했는지를 확인하기 위해서는 학생들의 수행능력을 확인해야 하는데, 이를 위해서는 수행평가과제가 필요하다. 즉, 이해의 평가는 학생들의 실제적인 수행을 필요로 하는 과제 중심으로 이루어져야 한다.

물론 목표가 이루어졌다는 증거의 유형에는 수행평가뿐만 아니라 학습의 단서, 퀴즈와 검사항목 등이 포함된다. 수행평가 외의 여러 가지 다양한 평가 방법을 사용해 학생들이 '이해'와 관련된 중요한 지식 및 기능을 습득했는지를 확인해야 한다. 이와 함께 '이해'에서는 능동

---

3. 수행과제, 수행평가과제, 수행(평가)과제는 맥락에 따라 제시하였다. 수행과제는 가장 포괄적인 용어로 수행이 교수·학습 활동의 부분으로 이루어지는 경우, 수행평가과제는 수행과제가 평가과제로 사용되는 경우, 수행(평가)과제는 두 경우 모두 해당될 수 있는 경우에 사용하였다.

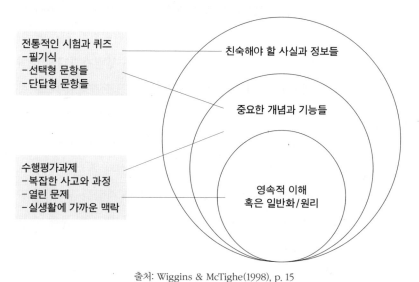

내용 범주와 평가 형태

전통적인 시험과 퀴즈
－필기식
－선택형 문항들
－단답형 문항들

친숙해야 할 사실과 정보들

중요한 개념과 기능들

수행평가과제
－복잡한 사고와 과정
－열린 문제
－실생활에 가까운 맥락

영속적 이해
혹은 일반화/원리

출처: Wiggins & McTighe(1998), p. 15

적인 학습자를 전제로 하기 때문에 학생들이 자신의 학습에 대해 평
가하고 반성할 수 있도록 해야 한다.

영속적인 이해는 반드시 수행평가과제를 통해 평가하도록 하고 있
다. 이는 '이해'의 특징과 관련된다고 할 수 있다. 이해는 학생들이 아
는 것을 자유자재로 유연하게 사고하고 행동하는 수행능력이며, 이해
를 했다는 것은 논리적·비판적·창의적 사고를 통해 지식을 융통성
있게 수행할 수 있다는 것을 의미한다. 여기서 수행은 그냥 활동이 아
니라 반드시 사고를 포함한다. 따라서 손만 움직이는 활동이 아니라
교과를 중시하고 교과에 대한 심층적 이해를 강조하면서 교과의 구조
속에서 개념, 일반화/원리의 관계성을 파악하도록 하는 수행을 해야
한다. 이러한 점에서 이해는 수행을 통해 평가되어야 한다.

중요한 개념과 기능들은 수행평가과제를 통해 평가될 수도 있고 전통적인 시험이나 퀴즈, 단답형 문제를 포함한 주관식 문제를 통해 평가될 수도 있다. 중요한 개념과 기능들은 이해와 관련되기 때문에 이해에 포함되어서 수행을 통해 평가할 수도 있고, 수행평가과제에 포함시키지 않았을 경우에는 전통적인 시험이나 퀴즈, 주관식 문제를 통해 평가할 수도 있다.

친숙해야 할 사실과 정보들은 전통적인 시험과 퀴즈에 의해 학생들이 습득했는지를 확인하면 된다. 친숙해야 할 사실과 정보들은 용어, 정의, 주요 정보, 중요한 세부 사항들, 주요 사건과 사람들 등 대개 단편적인 지식과 관련되기 때문에 전통적인 시험과 퀴즈를 통해 습득 여부를 쉽게 평가할 수 있다.

수행평가과제를 만드는 작업은 쉽지 않다. 위긴스와 맥타이[1998; 2005]는 수행평가과제를 개발할 때 유용한 길잡이를 제안했는데, 수행평가과제 시나리오에 포함되어야 할 요소들의 머리글을 따서 이를 GRASPS 모델이라고 하였다. 이는 수행평가과제를 개발할 때 유용한 길잡이가 되어 준다. 수행평가과제는 학습자들이 실생활에 적용할 수 있는 상황Situation에서 어떤 목표Goal를 가지고 구체적인 대상 혹은 관중Audience을 고려하면서 특정 역할Role을 맡아서 기준Standard에 따라 결과물Product을 만들어 내는 형식으로 개발된다.

다른 평가 방법에 비해 수행평가는 학생들의 더욱 다양한 반응이 나올 수 있는 평가 방법이다. 맞다/틀리다로 학생의 반응을 판단하는 대신에 반응의 질quality을 판단해야 하고, 때로는 복잡한 반응에 이르게 되는 과정을 평가해야 한다. 따라서 복잡한 판단이 타당하고 일관되며 공정하기 위해서는 반드시 채점기준이 있어야 하며, 정교하게 만들어져야 하고, 명료하게 진술되어야 한다.

또한 학생들은 이해를 발달시키기 위해서 메타인지를 가지고 있어야 한다. 메타인지는 교과에 대한 이해를 위해서 필요할 뿐 아니라 학습 자체에 대해서 학생들이 스스로 반성하도록 하기 위해서도 필요하다. 자신이 학습한 내용을 '이해'했는지를 스스로 반성함으로써 능동적인 학습과 자기주도적인 학습이 가능하다. 따라서 백워드 설계에서는 교사에 의한 평가뿐만 아니라 학생들 스스로 자신을 평가하는 자기평가와 학생 간 상호평가도 강조한다.

4. 어떤 활동이 학생들의 이해를 뒷받침하는가?

학습 계획하기

백워드 설계 3단계는 1단계에서 기대하는 학습 결과를 결정하고, 2단계에서 확인한 이해의 다양한 증거들을 기반으로 학습 활동을 개발하고 계열화하는 단계이다. 일반적인 교육과정 및 수업 설계에서는 교육 목표를 설정한 후에 학습 활동을 결정하지만, 백워드 설계에서는 평가를 먼저 고안한 후에 평가를 고려해 학습 활동을 개발하게 된다. 백워드 설계 3단계에서 교사는 학습자가 과제를 성공적으로 수행하고 질적인 결과물을 만들어 낼 수 있도록 도와주는 방식으로 학습 활동들을 계획한다. 즉 학습 활동을 임의적으로 교과서나 교사용 지도서의 순서대로 제시하는 것이 아니라 백워드 1단계를 기반으로 설계된 백워드 2단계에서 개발한 수행평가과제들을 중심으로 구조화·조직화한다.

개별 차시에 포함되는 다양한 학습 활동은 단원 내에서 흐름을 갖고 체계적으로 제시해야 한다. 이를 위해서 위긴스와 맥타이[2005]는 앞

글자를 따서 WHERETO, 즉 수업 활동들은 1) 학생들이 단원의 궁극적인 목표와 방향이 무엇인지, 왜 그것을 배우는지 알 수 있도록 안내해야 하고Where/Why, 2) 관심을 집중시키며Hook, 3) 과제 수행에 필요한 지식과 경험, 도구, 노하우 등을 갖추게 하고Explore/Enable/Equip, 4) 핵심 아이디어들을 다시 생각해 보고 반성하고 수정Reflect/Rethink/Revise하게 하고, 5) 스스로의 진보를 평가할 수 있는 기회를 제공하고Evaluate, 6) 학생 개개인의 강점, 재능, 흥미에 적합한 방식으로 다양화하고Tailored, 7) 깊이 있는 이해를 최적화할 수 있도록 조직해야Organize 한다고 제안한다.

- Where/Why: 단원이 어디로, 왜, 어디서부터 어디로 가는지 아는 것
- Hook: 주의 환기와 흥미 유지, 흥미를 넘어서 본질적인 측면으로 접근하기
- Explore/Enable/Equip: 탐구하고, 경험하고, 할 수 있게 하고, 수행을 위한 준비하기
- Reflect/Rethink//Revise: 반성하기, 다시 생각하기, 수정하기
- Evaluate: 과제의 진행 과정을 스스로 평가하는 기회 주기
- Tailored: 학습자 개인에게 맞추기, 개인의 흥미, 스타일, 능력, 필요에 따라 맞추기
- Organize: 효과적인 학습을 위해 내용을 조직하고 계열화하기

WHERETO는 학습 활동을 구상하는 데 아이디어를 제공하는 것으로, 반드시 이 순서대로 학습 활동을 진행해야 함을 의미하는 것은 아니다. 따라서 교사가 학습 계획안을 만들고 나서 확인하는 일종의 체크리스트로 활용될 수 있다. 어떠한 학습 활동을 계획할 것인지 브레인스토밍을 위한 분석적인 도구로 실제로 수업할 때 활용할 요소들을 점검하는 준거라고 보면 된다.

학습을 학생 개개인이 의미를 구성해 가는 과정이라고 볼 때, 학생

들은 의미를 구성하고 이해에 도달하는 속도나 방식이 각기 다르기 때문에 학생 간에 나타나는 차이를 인정하고 그 다양성을 존중해야 한다. 학생 맞춤형 수업(T)은 학생들의 다양한 필요를 준비도, 흥미, 학습 프로파일로 나눈다. 학생들의 준비도, 흥미, 학습 프로파일은 학습 변인이며 교사는 이에 따라서 다양한 수업 전략을 사용하게 된다.

맞춤형 요소

		교사의 다양화 요소			
		학습 내용	학습 과정	학습 결과물	학습 환경
학습자 특성	준비도				
	관심사 및 흥미				
	학습 프로파일				

백워드 설계 3단계와 관련해서 상기해야 할 점은 현행 교과서들은 너무 많은 주제를 다루고 있으면서도 주제들을 제대로 발전시키지 못해 피상적인 학습을 촉진하기 쉽다는 것이다. 교사나 학생 모두 교과서가 모든 것을 다 다뤄 줄 것이란 오해를 버려야 한다. 교과서 자체를 여행을 위한 지도나 여행 일정표가 아니라 목적지로 향하는 여행을 돕는 하나의 자원으로 바라보아야 한다. 교과서가 핵심 개념을 기반으로 하여 지속적으로 제기되는 핵심질문과 복잡한 평가를 바탕으로 내용을 정리하고 다양한 관점을 제시해 주어서 이해를 지향한다면 좋겠지만, 실제로는 그렇게 되지 않는 것이 사실이다. 따라서 교과서는 1단계의 바람직한 학습 결과를 지원해 주는 자원 정도로 활용되는 것이 적절하다.

5. 교사의 사고를 조직하기 위한 틀

단원 설계 템플릿

이해를 위한 수업을 계획하는 데 도움을 주기 위한 템플릿을 제시하면 다음과 같다. 이 템플릿은 공식이 아니라 단원을 재구성하거나 개발할 때 교사의 사고를 안내하고 조직해 주는 틀이다.

[1단계] 기대하는 학습 결과		
관련 성취기준	**전이(Transfer-T)**	
교과별 혹은 교과 통합적 성취기준은 무엇인가?	학생들은 자신들이 학습한 것을 무엇을 하는 데 사용할 것인가? 학생들이 영속적 이해에 도달했다면 무엇을 할 수 있을 것인가?	
	의미(Meaning-M)	
	영속적 이해[4] 교육과정 문서를 참고할 때, 학생들은 어떤 일반화나 원리 영속적 이해를 구성할 수 있어야 하는가? 학생들이 가질 수 있는 오개념은 무엇인가? **포괄적 수준(포괄적 이해)** **단원 수준(소재적 이해)**	핵심질문 어떠한 질문들이 학생의 사고와 탐구 그리고 학습의 전이를 유도할 것인가? **포괄적 수준(포괄적 핵심질문)** **단원 수준(소재적 핵심질문)**
	습득 (Acquisition-A)	
	지식·이해 단원의 결과로 어떤 주요한 지식(개념적, 사실적 지식)을 습득해야 할 것인가? **개념적 지식** **사실적 지식**	과정·기능 단원의 결과로 어떤 주요한 지식(개념적, 사실적 지식)을 습득해야 할 것인가? **개념적 지식** **사실적 지식**	가치·태도 학생들은 교과 활동을 통해 어떤 가치와 태도를 갖추고 기를 것인가?

---

4. 일반화와 원리, 원칙 모두 영속적 이해에 해당하며, 원리, 원칙도 일반화와 같이 개념들 간의 관계를 진술하지만, 현상에 대한 기술력, 설명력, 예측력을 기준으로 또는 일반성의 정도에 따라 일반화와 원리, 원칙을 구분하기도 한다. 그러나 셋 모두 학문의 기초를 이루며 명제로 진술된다. 학교 교과에서는 세 용어는 혼용되어 사용된다. 2022 개정 교육과정 내용 체계의 핵심 아이디어는 영속적 이해의 한 형태로 볼 수 있다.

[2단계] 이해의 다양한 증거 확인하기

수행(평가)과제
- 어떤 실제적인 수행과제들을 통해서 학생의 역량을 드러낼 것인가?
- GRASPS(real world Goal, real world Role, real world Audience, real world Situation, real world Product, real world Standards) 형식으로 수행평가과제 시나리오 쓰기
- 어떤 준거에 따라 학생의 수행을 평가할 것인가?

수행(평가)과제 외의 평가 방법
- 어떤 다른 증거들(예를 들어, 퀴즈, 시험, 프롬프트, 관찰, 숙제, 글짓기 등)을 통해서 학생들은 바람직한 이해를 성취했음을 보여 줄 것인가?

자기평가 및 반성
- 학생들은 어떻게 자신의 학습을 반성하고 자기평가를 할 것인가?

[3단계] 학습 계획

학습 활동
어떠한 학습 경험들과 수업이 학생들로 하여금 바람직한 학습 결과에 도달할 수 있게 해줄 것인가? 학습 활동을 계획하는 안내자로 WHERETO라는 머리글자를 사용.
- W: 학생들에게 단원이 어디로 향해 가는지, 단원에서 학생들에게 기대하는 것이 무엇인지 알게 해 주는가? 교사가 학생들의 배경, 사전 지식과 관심은 무엇인지 알게 도와주는가?
- H: 모든 학생에게 흥미를 불러일으키고 관심을 유지시켜 주는가?
- E: 학생들에게 필요한 지식을 학습하게 하고 주요 아이디어들을 경험하게 하며 문제를 탐구할 수 있게 하는가?(E1)
- R: 학생들이 이해한 것과 자신이 만들어 낸 결과물들을 다시 생각하게 하고 수정, 보완할 기회를 제공하는가?
- E: 학생들이 자신이 수행한 과제와 결과물들을 의미 있게 평가하게 하는가?(E2)
- T: 학생들의 다양한 필요, 관심, 능력에 맞춘 학습 활동이 계획되어 있는가?
- O: 학습의 효과를 극대화할 뿐 아니라 초기의 흥미와 지속적인 참여를 유지하도록 학습 활동이 조직되었는가?

3장
이해를 목표로 하는 수업은
어떻게 다른가?

1. 이해중심 교육과정은 어떻게 다른가?

이해를 위한 교육과정과 수업을 계획하고 실행하는 것은 시간이 걸린다. 왜냐하면 이해를 위한 수업 설계는 우리가 따라 하는 모형을 넘어서 가르친다는 것의 의미에 대한 관점의 전환을 요구하기 때문이다.

지금까지는 교사를 교육과정 개발자가 아니라 주어진 교육과정을 교과서를 매개로 실행하는 사람으로만 보았다. 하지만 이해를 목표로 하는 수업에서는 교사에게 교육과정 실행자이면서도 개발자로서의 역할을 요구한다. 기존의 교과서 중심 교육에 학생을 맞추는 것이 아니라 학생의 수준과 능력, 요구에 적합한 교육을 위하여, 수업과 평가 계획을 포함하는 교육과정 개발자로서의 역할을 교사에게 요구한다.

개념적으로 사고하기

이해를 위한 수업에서는 '학생들이 무엇을 이해할 수 있어야 할 것인가, 가르칠 만한 가치가 있는 내용은 무엇인가, 이것을 왜 가르쳐야 하는가?'와 같은 질문을 하게 한다. 즉 이해를 위한 수업은 학생들의 사고뿐 아니라 교사들의 개념적 사고를 필요로 한다. 개념적으로 사고

한다는 것은 쉬운 일이 아니다. 왜냐하면 개념적 사고는 해당 교과에 대한 전문적인 지식을 갖추고 있어야 하기 때문이다. 다행히 2015 개정 교육과정에서부터는 완벽하지는 않지만 '내용 체계'에서 일반화된 지식, 개념, 기능으로 구조화하여 학습 내용을 제시하고 있다. 따라서 성취기준을 분석할 때 교육과정 문서를 함께 보면서 학생들이 궁극적으로 무엇을 이해해야 할 것인지 추출해 보길 바란다.

안내자 혹은 코치의 역할 하기

교사는 학생들과 상호작용을 할 때 지식의 전달자가 아니라 안내자 혹은 코치의 역할을 해야 한다. 우리는 아직 지식 전달자로서의 역할에 익숙하지만 이해를 위한 수업에서는 학생들이 질문하고 문제를 해결하기 위한 전략들을 개발하고 자신의 생각을 서로 교환하는 환경을 조성해 주어야 한다. 이러한 환경에서 교사는 학생들에게 자신의 생각을 설명하고 어떻게 결론에 도달했는지를 토론하도록 장려해야 한다. 그리고 학생들이 설명하고 적용할 수 있는 과제나 프로젝트를 평가과제로 활용해야 한다.

학생의 사고와 오개념 드러내기

흔히 평가라고 하면 단원 말미에 또는 학기 말에 이루어지는 총괄평가를 연상하기 쉽지만, 이해를 위한 수업에서는 개개인의 성장과 진보에 초점을 맞춘 다양하고 비공식적인 피드백이 자주 이루어져야 한다. 학생들에게 자신이 어떻게 사고하고 있는지 어떠한 방식으로 사고를 개선하고 바꿀 수 있는지를 생각할 기회를 주어야 하고, 자신이 지식을 적절하게 활용하고 있음을 보여 줄 수 있는 평가가 제공되어야 한다.

또한 교사는 학생들이 교실로 가지고 들어오는 생활 경험과 선행 지식을 파악해야 한다. 이는 사전 평가를 통해서 공식적으로 파악할 수도 있고, 수업 중간에 학생들의 반응을 통해서 끌어낼 수도 있다. 이 과정에서 가장 중요한 것은 학생들이 가지고 있는 오개념을 파악하는 것이다. 학생들이 가지고 있는 잘못된 개념들을 학습의 자료로 이용하여 학습자 스스로 오개념을 바로잡도록 도와주고, 새로운 내용과 연결 지을 수 있도록 도와주어야 한다.

평가 설계자처럼 생각하기

평가 설계자와 활동 설계자는 다른 사고를 하기 때문에 백워드 설계와 같이 평가가 수업을 이끌도록 하는 경우 수업을 설계하는 교사나 전문가는 평가 설계자의 사고를 해야 한다. 물론 백워드 설계에서 활동 설계자가 필요 없다는 의미는 아니다. 다만 지금까지 일반적인 교육과정 혹은 수업 설계에서 지나치게 활동 설계자의 입장에서 수업을 고민해 왔다면 백워드 설계에서만큼은 평가를 중심으로 사고하는 평가 설계자로서의 입장을 취하는 것이 필요하다.

평가 설계자와 활동 설계자는 서로 다른 사고를 지니고 있다. 평가 설계자는 이해의 증거가 충분히 드러나도록 하기 위해 무엇을 해야 하는지에 관심을 두지만, 활동 설계자는 가르치고자 하는 주제를 학생들이 재미있게 몰입할 수 있는 활동이 무엇인가에 더 관심을 둔다. 그리고 평가 설계자는 수행평가과제에 집중하면서 수행평가과제를 통해 단원에서 학습한 내용이 일관되게 연결될 수 있을 뿐 아니라 수행 평가과제가 수업의 중심이 되도록 하는 데 관심을 두지만, 활동 설계자는 활동에 집중하기 때문에 가르치고자 하는 주제에 맞는 교구와 교재에 관심을 둔다.Wiggins & McTighe, 2005; 김경자, 온정덕, 이경진, 2017

또한 평가 설계자는 평가를 통해 학습 내용을 이해한 학생과 그렇지 않은 학생을 어떻게 구분할 수 있을지에 관심을 두지만, 활동 설계자는 학생들이 교실 안팎에서 하는 활동과 해야 할 숙제에 관심을 둔다. 그리고 평가 설계자는 정확하고 공정하고 신뢰할 수 있는 평가를 하기 위해서 평가기준에 관심을 두지만, 활동 설계자는 평가 결과를 통보하는 방법에 관심을 둔다. 평가 설계자는 학생들이 가질 우려가 있는 오개념이 무엇이며 학생들이 오개념을 가지고 있다는 것을 어떻게 알아낼 수 있을지에 관심을 보이지만, 활동 설계자는 활동들이 제대로 운영될 수 있을지 운영에 성공하는 이유와 실패하는 이유가 무엇인지에 관심을 둔다.

2. 블룸의 '이해'와 어떻게 다른가?

우리가 일상에서 언제 '이해한다'는 말을 사용하는지 생각해 보면 쉽게 알 수 있다. 대상의 명칭을 알거나 들어 보았을 때는 보통 '안다'는 표현을 사용하지 '이해한다'는 말을 사용하지 않는다. 예를 들어 과학에서 광합성의 원리를 안다고 말하는 것과 광합성의 원리를 이해한다고 말하는 것에는 큰 차이가 있다. '광합성의 원리를 안다'고 할 때에는 광합성이라는 용어를 들어 보았고 식물은 광합성을 한다는 말을 할 수 있을 정도이다. 그런데 '광합성을 이해한다'고 할 때에는 광합성과 (세포)호흡을 비교해 차이를 설명하거나 광합성과 생태계 순환을 연결해서 설명할 수도 있을 것이다. 더 나아가 포도당 생성이나 에너지와 같은 개념과 연결하여 설명할 수 있다. 이처럼 '이해한다'는 것은 이해하고 안 하고가 아니라 정도와 깊이를 말한다.

이해를 위한 수업에서의 '이해understand와 understanding'는 "(1) 의미를 파악하고, (2) 일반화/원리를 내면화하여, (3) 새로운 상황과 맥락에서 그것을 적용하고 활용할 수 있도록 하는 것"으로 정의된다. 학교 교육에서 학생들이 이해할 수 있게 가르친다는 것은 내용을 단순 전달하는 것이 아니라 (1) 그 의미를 파악하고 해석할 수 있도록 가르치고, (2) 학생들이 배운 것을 내면화하여, (3) 새로운 상황에서 적용하고 활용할 수 있도록 가르치는 것이다. 따라서 교사는 교수·학습 활동과 수행과제를 만들 때 아마도 첫 번째와 세 번째 의미를 고려하고 두 번째 의미는 무엇을 가르칠 것인가를 결정할 때 특히 고려하게 된다. 즉 학생들이 내면화할 가치가 있는 학습 내용은 무엇인가, 그리고 어떤 학습 내용을 가르쳐야 학생들이 다른 교과를 배울 때 혹은 다른 학년에서 그 교과를 배울 때, 혹은 일상생활을 할 때 적용하고 활용할 수 있을 것인가를 생각해야 한다.

반면에 블룸의 이해는 understand가 아닌 comprehend이다. 위의 세 가지 의미 중에서 아마도 의미를 파악하는 과정과 가깝다. 우리가 독해를 할 때 comprehension이라는 말을 사용한다. 정보와 데이터를 받아들일 때 그것을 처리하는 과정이다. 따라서 굳이 블룸의 위계와 관련짓는다면(사실 학습에 대해 블룸이 생각하는 관점과 이해를 위한 수업에서 바라보는 관점은 다르다) 이해의 과정과 이해의 결과는 분석하고 평가하고 창조하기의 단계를 아우른다.

3. 백워드 설계 템플릿은 여러 버전이 있나?

백워드 설계의 템플릿은 교수·학습 활동을 계획하고 무엇을 가르칠 것인가에 대한 우리의 사고를 도와주는 틀이라고 할 수 있다. 채워 넣어야 할 틀이 아니라 사고의 흐름이라고 보는 것이 좋다. 템플릿의 경우 번역 과정에서 혹은 우리나라 교육과정과의 일관성을 위해서 용어가 상이한 버전이 있지만, 그 용어의 차이보다는 백워드 설계의 구성 요소에 대한 이해에 집중하는 것이 좋을 것 같다.

백워드 설계는 위긴스와 맥타이가 1998년에 『*Understanding by Design*』을 출판하면서 도입했는데, 이들은 2005년에 개정판을 출판하게 된다. 이 설계 모형이 현장에서 각광을 받자 이들은 교사들을 위한 단원 개발 안내서들을 펴냈다. 2011년과 2012년에 『*The Understanding by Design Guide to Creating High-Quality Units*』를 출판했는데, 이것을 국내에서는 '백워드 설계 2.0'이라고 부른다.

4. 백워드 설계는 교과서 단원을 중심으로 설계하나?

이해를 위한 수업에서는 교사가 단원 개발자가 된다. 교과서는 교과 전문가들이 교사들을 대신해서 혹은 교사들을 위해서 개발한 교수·학습 자료일 뿐이다. 교사가 단원을 새롭게 개발 혹은 설계할 때는 교육과정의 성취기준을 살펴보아야 한다. 이해를 위한 수업에서는 성취기준을 분석·해석해서 무엇을 가르쳐야 학생들의 전이transfer를 도울 수 있을지 고민해야 한다. 이때 교과 내 여러 개의 성취기준을 묶기도 하고 여러 교과에서 성취기준을 가져오기도 한다. 여러 교과에서 성취기준을 가져와서 묶을 때에는 가져오는 각 교과의 성취기준이 기반을 둔 내용이 유사하거나 연결되는 것이어야 한다. 왜냐하면 학생들이 여러 교과의 내용을 배우면서 서로 내용을 연결해서 각 교과의 내용을 더 잘 이해하고 큰 그림을 그릴 수 있기 때문이다. 백워드 설계의 단위는 차시 개발로는 적당하지 않으며 단원을 설계하는 것이다. 하지만 그것이 교과서 단원을 지칭하는 것은 아니다. 현장에서 교과서 단원을 중심으로 재구성한 수업 사례가 주를 이루다 보니 이러한 오해가 있을 수 있다. 교사의 시간과 노력이 더해진다면 교과서 단원이 아닌 성취기준을 기반으로 한 새로운 단원 설계가 가능할 것이다. 그리고 그러한 시도와 노력이 이어지고 있다.

5. 프로젝트 수업과 어떻게 다른가?

프로젝트 수업은 교수·학습 방법에 가까운 개념이고 이해를 위한 수업 설계(백워드 설계)는 교육과정 설계 모형이다. 문제 중심 학습 problem-based learning, 프로젝트 학습project-based learning 모두 우리나라에서는 PBL로 불리고 있다. 문제 중심 학습은 프로젝트 학습의 한 방식이다. 프로젝트 학습은 일련의 교수·학습 활동을 계획하고 조직할 때 학생들이 탐구해야 할 주제나 이슈를 중심으로 이루어진다. 백워드 설계에서 학생들이 수행과제를 하는데, 그 모습이 프로젝트 학습과 유사해 보인다. 하지만 수행과제가 항상 프로젝트 학습처럼 학생들이 문제를 제기하고 탐구 주제를 설정하는 것은 아니다. 수행과제는 학생들이 특정 상황에서 문제를 해결하거나 어떤 현상을 설명하게 하는 과제일 수도 있고 자신이 가진 편견을 찾고 성찰하도록 하는 과제일 수도 있다. 프로젝트 학습은 여러 교과를 통합해서 문제를 해결하도록 하는 경우가 많고 학생들이 탐구해야 하는 주제와 이슈가 학습 내용과 연관되기도 하지만, 학생들이 개인적으로 관심을 가지고 있거나 사회적 이슈를 중심으로 탐구가 이루어지는 경우도 많다. 반면에 백워드 설계는 교육과정(단원)을 개발하는 모형이고, 수행과제는 반드시 학생들이 무엇을 이해해야 하는지에 비추어 학생들의 이해를 지원하고 평가한다는 점에서 다르다.

6. 거꾸로 수업과 어떻게 다른가?

백워드 설계Backward Design는 학생들의 '이해'를 계발할 수 있도록 하는 교육과정 설계 모형이다. 백워드 설계라는 별칭이 붙은 것은 기존의 타일러 모형과 그 순서가 거꾸로 이루어진다는 것을 강조하기 위함이다. 기존의 타일러 모형에서는 교육 목표-교육 내용 선정-교육 활동 계획-평가 계획의 순서로 이루어졌다.

즉 교육과정 설계의 방식과 절차가 전통적인 방식과 다르기 때문에 백워드 설계라고 한다. 이해를 위한 교육과정을 만든 위긴스와 맥타이는 책 제목을 "Understanding by Design(UbD)"로 하고, "Backward Design"이라는 부제를 붙였다. 우리나라에서는 이 용어를 '역행 설계', '거꾸로 생각하는 설계' 등으로 부르기도 한다. 그래서 번역 과정에서 수업 설계의 한 방법인 거꾸로 수업과 혼동을 하는 경우가 있지만 거꾸로 수업과는 다르다. 거꾸로 수업을 가리키는 말은 'flipped learning' 혹은 'flipped classroom'이다. 대개 학교에서 가르치고 집에서 수업한 내용에 대해서 복습하거나 숙제를 하는 것이 일반적인 학습 방식이다. 거꾸로 수업에서는 학생들이 배울 내용을 미리 익히고 수업에 임한다. 이 방법은 학생들이 무엇을 배울 것인지 미리 생각해보게 하여 학습이 좀 더 효율적으로 이루어지게 한다. 강의식 교실 수업을 웹 기반 온라인 수업(집에서 숙제하는 것)으로 대체하고, 교실 수업은 학습자 중심으로 다양한 상호작용적 그룹 활동을 할 수 있도록 재구조화하는 방법이다.

2부

이해중심 교육과정 설계하기

이해중심 교육과정 설계 흐름

목표 설정	기대하는 학습 결과 결정하기		
	전이 목표 설정하기[1]		
	교육과정 풀기	중요한 교육 내용의 선정 및 조직	핵심질문 개발
1단계	•내용 체계 •성취기준	⇨ •영속적 이해 •지식·이해(사실, 개념) •과정·기능 •가치·태도	

평가 계획	이해의 다양한 증거 확인하기	
	수행(평가)과제 계획하기	수행(평가)과제 외의 평가 방법과 자기평가 및 반성
2단계	•수행(평가)과제 요소 - GRASPS •루브릭 - 평가 요소 - 단계(수준) - 수준에 대한 서술	•수행(평가)과제 외의 평가 •자기평가 및 반성

수업 계획	학습 계획하기
	교수·학습 활동 선정, 조직하기
3단계	- 이해의 여섯 가지 측면 활용하기 - 핵심질문을 중심으로 학습 활동 구성하기 - WHERETO 요소 포함하기

---

1. '기대하는 학습 결과'를 계획할 때 전이 목표를 함께 고려해야 한다.

1장

[백워드 설계 1단계]

기대하는 학습 결과:
어떻게 결정할 것인가?

백워드 설계는 단원의 기반이 되는 중요한 내용이 무엇인지를 끌어내고 학습자들이 그 내용을 제대로 이해했음을 드러내는 증거로 수행(평가)과제를 개발한다. 그 후 수행(평가)과제를 중심으로 교수·학습 활동을 개발한다. 1단계의 내용들(영속적 이해, 지식·이해, 기능·과정, 가치·태도)은 백워드 2단계에서 개발할 수행(평가)과제의 기반이 되며 3단계 교수·학습 활동을 할 때도 중요한 기준이 된다.

따라서 백워드 설계에서 가장 처음 해야 하는 작업은 교육과정을 분석하는 것이다. 지금까지 '교육과정'이라는 말을 늘 사용해 왔지만, 사실 교사들은 교육과정을 수업에 직접 일상적으로 사용하고 있지는 않은 것으로 나타났다.경기도교육청, 2017 그것은 적지 않은 교사들이 교육과정을 곧 '교과서'로 인식하기 때문이다. 교과서는 교육과정을 토대로 만들어진 수업 자료로서 엄밀하게 말해 둘은 서로 다른 형태의 자료이며, 국가수준 교육과정은 에듀넷 티-클리어, 국가교육과정 정보센터 등에서 내려받을 수 있다.

교육과정을 분석한다는 것은 성취기준과 교육 내용을 분석하여 기대하는 학습 결과를 찾아낸다는 의미로 해석할 수 있다. 교육과정을 재구성할 때 단원의 성취기준을 찾아 확인하는 과정은 교사들에게 매우 익숙하다. 하지만 단원의 성취기준을 확인하는 것만으로는 중요한 교육 내용을 알 수 없고, 수업과 평가에 제대로 반영하기 어렵다. 엄밀히 말하면 교육과정을 반영했다는 선언적 의미는 있겠지만 그 의미를 해석했다고 보기 어렵다. 이제 성취기준을 선정하고 단순히 연결짓거나 관계를 파악하는 것을 넘어서 중요 내용과 핵심 사항들이 포함되어 있는지, 깊이 있는 학습과 몰입을 가능하게 하는지를 확인해야 한다. 또한 이 모든 것은 '이해'에 초점이 맞춰져 있어야 한다. 처음에는 익숙하게 해 오던 부분이 아니라 다소 어렵게 느껴질 수 있으나 이러한 과정을 통해 교육과정을 바라보는 교사의 안목이 향상되는 것을 느낄 수 있을 것이다.

교육과정 설계를 시작할 때부터 교사는 계속해서 학습의 전이 결과 혹은 목표를 생각해야 한다. 위긴스와 맥타이에 따르면 학생들이 특정한 상황에서 학습한 것을 다른 방식이나 상황에서 유창하고 유용하게 적용할 수 있을 때 진정으로 이해했다고 본다.Wiggins & McTighe, 1998 교사가 전이 목표를 설정할 때 "학생들은 자신들이 학습한 것을 … 하는 데 사용할 것이다" 또는 "학생들이 영속적 이해에 도달했다면 … 할 수 있을 것이다" 형태의 진술문을 만들어 보는 것이 도움이 된다.

1. '교육과정 풀기' 어떻게 할 것인가?

백워드 설계 1단계에서 확인해야 하는 '기대하는 학습 결과'를 결정하기 위해서는 교육과정에 드러난 성취기준과 교육 내용, 교과서, 교사가 가르치고 싶은 것을 그대로 목표로 설정해서는 안 된다. 반드시 교육과정과 교과서를 해석하고 푸는unpacking 작업이 필요하다. 이를 위해서는 교육과정 문서를 살펴봐야 한다.

특히 2022 개정 교육과정 총론 문서에는 교육과정 구성 중점의 하나로 "교과 교육에서 깊이 있는 학습을 통해 역량을 함양할 수 있도록 교과 간 연계와 통합, 학생의 삶과 연계된 학습, 학습에 대한 성찰 등을 강화한다"라고 제시되어 있다. 더 구체적으로 교수·학습의 기준을 보면 "단편적 지식의 암기를 지양하고 각 교과목의 핵심 아이디어를 중심으로 지식·이해, 과정·기능, 가치·태도의 내용 요소를 유기적으로 연계하여 학생의 발달단계를 따라 학습 경험의 폭과 깊이를 확장하도록 설계한다"라고 제시되어 있다.^{교육부, 2022b} '깊이 있는 학습'을 위해서는 교과의 핵심 개념 혹은 핵심 아이디어를 교과 고유의 사고와 탐구 방식을 통해 세계를 이해하는 능력을 익히는 것이 필요하다. 다음은 2022 개정 교과 교육과정의 문서 체제이다.

교육과정 설계의 개요
1. 성격 및 목표
2. 내용 체계 및 성취기준
　　가. 내용 체계
　　　　영역
　　　　핵심 아이디어
　　　　내용 요소(지식·이해, 과정·기능, 가치·태도)
　　나. 성취기준
　　　　성취기준 해설
　　　　성취기준 적용 시 고려 사항
3. 교수·학습 및 평가
　　가. 교수·학습
　　　　교수·학습의 방향
　　　　교수·학습 방법
　　나. 평가
　　　　평가의 방향
　　　　평가 방법

'내용 체계' 확인하기

내용 체계는 교사가 무엇을 가르치고 학생이 무엇을 배워야 하는지의 범위와 수준을 나타낸다.온정덕 외, 2021 2015 개정 교육과정에서도 핵심 개념을 중심으로 구조화하여 질적으로 교육 내용의 적정화를 실현하고자 하였고, 내용의 계속성(주요 지식과 기능을 반복적으로 경험할 수 있도록 하는 것), 계열성(동일한 수준에서 반복이 아니라 학년이 거듭될수록 그 내용이 포괄하는 경험의 폭과 깊이가 더해지도록 재조직하는 것), 통합성(영역 간의 관련성을 통해 학습자가 통합된 시각을 가질 수 있도록 하는 것)을 실현하는 바탕으로 내용 체계가 구성되었다.온정덕 외, 2015 이는 교과 간의 유사 개념의 연결을 통한 교과 융합 수업이 일어날 수 있는 기반을 마련하였으나 대부분의 교과에서 핵심 개념이 주제 및 소재, 개념의 수준으로 제시되었다는 비판도 있다.

2022 개정 교육과정의 내용 체계를 살펴보면, 영역별로 핵심 아이디어를 기준으로 내용 요소가 지식·이해, 과정·기능, 가치·태도로 구성되어 있다. 따라서 교과를 통해서 기르고자 하는 역량은 학습자가 특정한 상황과 맥락에서 교과의 지식, 기능, 가치 및 태도 등을 통합적으로 작동시켜 삶의 다양하고 복잡한 문제를 해결하는 능력으로, 지식·이해(K&U), 과정·기능(Do), 가치·태도(Be)의 세 차원의 유기적이고 통합적인 작동으로 계발될 수 있다.온정덕 외, 2021 2022 교과별 교육과정 문서상의 '내용 체계'는 다음과 같이 구성된다.교육부, 2022b

2022 개정 교육과정 '내용 체계'의 구성

영역	핵심 아이디어	내용 요소
•교과(목)의 성격에 따라 기반 학문의 하위 영역이나 학습 내용을 구성하는 일차 조직자	•영역을 아우르면서 해당 영역의 학습을 통해 일반화할 수 있는 내용을 핵심적으로 진술한 것. 이는 해당 영역 학습의 초점을 부여하여 깊이 있는 학습을 가능하게 하는 토대가 됨	•교과(목)에서 배워야 할 필수 학습 내용 •지식·이해: 교과(목) 및 학년(군)별로 해당 영역에서 알고 이해해야 할 내용 •과정·기능: 교과 고유의 사고 및 탐구 과정 또는 기능 •가치·태도: 교과 활동을 통해 기를 수 있는 고유한 가치와 태도

교사가 '교육과정 풀기'를 통해 '영속적 이해'를 설정할 때 2022 개정 교육과정 문서의 '내용 체계'는 매우 유용하게 활용될 수 있다. 이제 2022 개정 교육과정 사회과 3-4학년군의 '옛날과 오늘날의 생활 모습' 단원을 설계하는 과정을 살펴보겠다. 이 단원의 핵심 아이디어와 내용 요소, 지식·이해, 과정·기능, 가치·태도를 2022 개정 교육과정 문서에서 찾아보면 다음과 같다.

2022 개정 교육과정의 '내용 체계'

영역		인문환경과 인간생활		
핵심 개념		• 자연적, 인문적 특성은 특정 지역의 인구 분포, 인구 구성, 인구 이동에 영향을 미친다. • 장소나 지역에 따라 다양한 문화가 형성되고, 문화는 여러 요인에 의해 변동된다. • 도시와 촌락은 입지, 기능, 공간 구조와 경관 등의 측면에서 다양한 유형이 존재하며, 여러 요인에 의해 변화한다. • 인간의 경제활동은 자원이나 산업구조 등 지역의 특성에 따라 다양한 모습으로 나타나며, 교통과 통신은 시·공간적 제약을 감소시키고 지역을 변화시킨다.		
범주		내용 요소		
		초등학교		중학교
		3-4학년	5-6학년	1-3학년
지식·이해	인구	• 우리 지역 인구 정보	• 우리나라의 인구 분포와 문제 • 세계의 인구 분포와 특징	• 지역별 인구 특징
	문화	• 지역의 문화	-	• 종교, 문화경관과 생활양식 • 문화 다양성과 문화 혼종성
	도시와 촌락	• 도시의 특징과 도시문제 • 촌락의 환경	-	• 다양한 유형의 도시 • 공간 구조
	경제와 교통	• 지역의 생산물 • 교통, 통신과 생활의 변화	-	• 지역별 산업 변화와 당면 과제 • 자원 수출과 자원 안보 • 초국적 기업의 글로벌 생산체제와 입지 변화 • 교통 발달과 지역 변화

과정·기능	•도시의 특징과 관련지어 도시문제를 파악하고 해결 방안 탐구하기 •인구 자료를 바탕으로 인구 특징과 인구 문제 파악하기 •자료를 바탕으로 교통과 통신의 변화를 찾고, 생활 변화와의 관계 파악하기	•지도상에서 세계와 우리나라의 주요 인문환경 요소 위치 파악하기 •각 지역의 인문환경과 주민 생활 간 상호연계성 파악하기 •다양한 데이터 및 시사 자료를 활용하여 지역의 특성, 당면 과제와 지역의 변화 추론하기 •지역의 변화와 그 영향을 다양한 스케일상의 다른 지역과의 상호연계성과 관련하여 파악하기
가치·태도	•세계 여러 국가의 다양한 인구 특징에 대한 관심 •도시문제 해결을 위한 실천 노력 •교통과 통신의 변화에 따른 미래 사회에 대한 호기심	•다른 지역의 문화와 생활양식에 대한 이해, 관심, 존중 •문화 다양성에 대한 열린 태도와 다문화 감수성 •다른 지역, 문화, 종교, 인종에 대한 인식 및 관점에 대한 반성적 성찰 •세계와 우리나라의 지역 이슈에 대한 관심 •세계와 우리나라의 지속가능한 발전을 위한 참여 및 실천

출처: 교육부(2022a), p. 154

성취기준 분석하기

성취기준이란 모든 학생이 교과 학습을 통해서 반드시 도달해야 하는 성취의 기준이다. 따라서 성취기준은 교과의 내용(지식, 기능, 가치 및 태도)을 다면적으로 보여 주며 수행으로 진술되어 평가의 근간이 되어야 한다.은정덕 외, 2021 2022 개정 교육과정의 성취기준은 2015 개정 교육과정과 같이 코드로 제시하였는데, 예를 들면 [2국01-05]는 [학년군/교과명/영역-순번]을 의미하며, 1-2학년군 국어 교과의 듣기·말하기 영역 중 5번째 성취기준을 말한다. 하지만 교과마다 영역명이 다르고 제시 방법이 달라서 성취기준을 찾고 파악하는 데 다소 어려움이 있어 성취기준을 교과별, 영역명으로 정리해 보았다.

교과별 성취기준 영역과 코드 연결표

교과		01	02	03	04	05	06	07	08	09	10	11	12	13	14	15	16
통합교과 (바, 슬, 즐)		우리는 누구로 살아 갈까	우리는 어디서 살아 갈까	우리는 지금 어떻게 살아 갈까	우리는 무엇을 하며 살아 갈까												
국어		듣기 말하기	읽기	쓰기	문법	문학	매체										
사회	3-4 학년	우리가 사는 곳	일상 에서 만나는 과거	사회 변화와 다양한 문화	옛날과 오늘날의 생활 모습	지도로 만나는 우리 지역	우리 지역의 문화 유산	경제 활동과 지역 간 교류	지역 문제를 해결하고 지역을 알리는 노력	다양한 환경과 삶의 모습							
	5-6 학년	우리 나라 국토 여행	우리 나라 지리 탐구	법과 인권의 보장	유적과 유물로 살펴본 옛날 사람들의 생활	달라지는 시대, 변화하는 생활 모습	식민 통치와 저항, 전쟁이 바꾼 사회와 생활	평화 통일을 위한 노력, 민주화와 산업화	민주 주의와 시민 참여	지구, 대륙 국가들	세계의 자연 환경	시장 경제와 국가 간 거래	지구촌 사람들				
도덕		자신과의 관계	타인과의 관계	사회 공동체 와의 관계	자연과의 관계												
수학		수와 연산	변화와 관계	도형과 측정	자료와 가능성												
과학	3-4 학년	힘과 우리 생활	동물의 생활	식물의 생활	생물의 한살이	물체와 물질	지구와 바다	소리의 성질	감염병과 건강한 생활	자석의 이용	물의 상태 변화	땅의 변화	밤하늘 관찰	생물과 환경	여러 가지 기체	기후 변화와 우리 생활	
	5-6 학년	지층과 화석	빛의 성질	용해와 용액	우리 몸의 구조와 기능	혼합물의 분리	날씨와 우리 생활	열과 우리 생활	자원과 에너지	산과 염기	물체의 운동	식물의 구조와 기능	지구의 운동	계절의 변화	물질의 연소	전기의 이용	과학과 나의 진로
실과		인간 발달과 주도적 삶	생활 환경과 지속 가능한 선택	기술적 문제 해결과 혁신	지속 가능한 기술과 융합	디지털 사회와 인공 지능											
체육		운동	스포츠	표현													
음악		연주	감상	창작													
미술		미적 체험	표현	감상													
영어		이해	표현														

성취기준은 영역별 내용 요소(지식·이해, 과정·기능, 가치·태도)를 학습한 결과 학생이 궁극적으로 할 수 있거나 할 수 있기를 기대하는 도달점이다.교육부, 2022c 그동안 우리나라에서 성취기준은 대부분 내용 기준의 성격을 띠어 왔으나, 성취기준은 수업 활동이 아닌 학습 결과

로서의 기준이고 평가의 바탕이라고 할 수 있다.은정덕 외, 2021

   2022 개정 교육과정은 내용 체계의 세 요소를 통합하여 학생의 역량을 드러내는 진술문으로 성취기준을 제시하면서 성취기준 해설과 성취기준 적용 시 고려 사항을 제시하였다. 성취기준 해설에서는 해당 성취기준의 설정 취지 및 의미, 학습 의도 등을 설명한다. 성취기준 적용 시 고려 사항은 영역 고유의 성격을 고려하여 특별히 강조하거나 중요하게 다루어야 할 교수·학습 및 평가의 주안점, 총론의 주요 사항과 해당 영역의 학습과의 연계 등을 설명한다. 따라서 성취기준뿐만 아니라 성취기준 해설, 성취기준 적용 시 고려 사항을 참고할 필요가 있다. 아래 교육과정 문서의 일부를 보면서 중요하다고 생각하는 부분에 체크하며 읽어 보길 바란다. 국가 교육과정 문서에서는 [4사04-01], [4사04-02], [4사04-03]의 성취기준으로 제시되어 있으나, 예시 단원은 [4사04-02], [4사04-03] 성취기준으로 설계를 하였으며, 관련 내용은 다음과 같다.

나. 성취기준

[초등학교 3-4학년]

(4) 옛날과 오늘날의 생활 모습

[4사04-01] 옛날 풍습에 대해 알아보고, 오늘날과 비교하여 변화상을 파악한다.
[4사04-02] 옛날부터 오늘날까지 교통의 변화에 따른 이동과 생활 모습의 변화를 이해한다.
[4사04-03] 옛날부터 오늘날까지 통신수단의 변화에 따른 정보 교류와 의사소통 방식의 변화를 설명한다.

(가) 성취기준 해설

- [4사04-01]은 옛날의 다양한 풍습을 살펴보며 당시 사람들의 생활을 이해하고, 오늘날과 비교하여 변화상을 파악하도록 설정한 것이다. 놀이, 세시 풍속 등 여러 풍습을 통해 변화상을 알아보고 풍습 속에 담긴 옛날 사람들의 생활과 생각을 이해한다.
- [4사04-02]는 교통로 및 교통수단의 변화와 달라진 사람들의 생활 모습과의 관계를 이해하도록 설정한 것이다. 시대에 따른 교통의 변화가 사람과 물자의 이동 및 생활 전반에 어떤 변화를 일으켰는지 살펴본다. 그리고 교통 발달에 따른 생활공간의 확대를 고려하여 변화를 설명한다.
- [4사04-03]은 시대에 따른 통신수단의 변화 과정을 파악하고 이를 통해 달라진 사람들의 생활 모습을 파악하도록 설정한 것이다. 정보 교류와 의사소통 방식의 변화를 파악하여 통신 발달에 따른 공간적 변화를 탐색한다.

(나) 성취기준 적용 시 고려 사항

- '옛날'은 해당 시대에 맞게 설정하여 당시 사람들의 생활 모습을 맥락적으로 파악한다. 또 시대에 따른 사람들의 생활 모습은 다양한 양상으로 나타난다는 점을 이해하고, 현재의 시각만으로 과거를 평가하지 않도록 유의한다.
- 변화가 발전만을 의미하지 않는다는 점을 이해하고 발전의 성과와 한계를 함께 살펴본다.
- 도로, 철도, 항만, 공항, 교량 등 교통망의 구축으로 나타나는 생활공간의 확대를 중심으로 사람과 물자의 이동 및 달라진 생활 모습을 종합적으로 파악한다.
- 여가 생활을 포함하여 학생의 일상생활 경험과 관련 있는 소재를 중심으로 교통의 발달이 생활 변화에 미친 영향을 파악한다.
- 세대 간 의사소통 경험을 비교하면서 통신기술 발달에 따른 정보 교류와 의사소통 방식(시간과 빈도, 정보의 질과 양 등)이 달라졌음을 이해하고, 시·공간을 초월한 실시간 소통으로 나타난 생활 변화를 파악하는 데 초점을 둔다.
- 교통수단과 통신수단의 발달 과정을 시간 순서대로 배열하는 등의 단순지식을 평가하는 방법은 지양하고, 교통·통신의 변화가 생활에 미친 영향을 이해하고 있는지를 평가한다.

출처: 교육부(2022), pp. 166-167

성취기준을 동사, 명사, 형용사와 부사로 나누어 보는 과정과 성취기준 해설 등의 분석을 통해 '옛날과 오늘날의 교통수단·통신수단의 발달 과정에 따른 사람들의 생활 모습의 변화'가 중요함을 파악할 수 있으며 그 내용은 아래와 같다.

교육과정 성취기준 분석

성취기준	동사	• 학생들의 수행을 확인 • 수행(평가)과제의 아이디어로 활용 가능함	• 이해한다. • 설명한다.
	명사	• 주요 개념이나 지식을 확인하는 데 유용함 • 핵심질문과 일반화된 지식을 작성하는 단서가 됨	• 옛날부터 오늘날의 교통과 통신수단의 발달 과정 • 교통수단의 발달로 인한 이동과 생활 모습의 변화 • 통신수단의 발달로 인한 정보 교류와 의사소통 방식의 변화
	형용사와 부사	• 채점기준 결정할 때 활용 가능함	
성취기준 해설 및 적용 시 고려 사항		• 성취기준 해설 설정 취지 및 의미, 학습 의도 등 • 고려 사항-강조하거나 중요하게 다루어야 할 주안점	• 교통 및 통신수단의 발달 과정 탐색 • 교통 및 통신수단의 발달이 사람들의 생활에 미치는 영향 파악(시·공간의 확대)

이해중심 교육과정을 비롯한 역량을 기르는 교육에서는 교사가 가르친 것이 아니라 학생이 배운 결과 무엇을 할 수 있는가를 강조한다. 따라서 평가를 별도로 실시하는 것이 아니라 학생들이 수업의 과정에서 수행하는 과제가 결국 평가의 과제가 되므로 교사는 양질의 수행평가 과제를 개발하기 위해서 교육과정을 해석하는 안목을 갖추어야 한다. 특히 성취기준을 풀어내는unpaking 연습을 통해 성취기준, 내용 요소, 핵심 아이디어의 구조적인 관계를 파악할 수 있어야 한다.온정덕 외, 2023

여기서 주의해야 할 점은 성취기준을 내용 요소와만 관련지어서는 안 되고 핵심 아이디어에 비추어 해석해야 한다는 것이다. 이 단원에서는 교통수단과 통신수단을 가르치는 데 중점을 두는 것보다는 단원의 핵심 아이디어인 '인간의 경제활동은 자원이나 산업구조 등 지역의 특성에 따라 다양한 모습으로 나타나며, 교통과 통신은 시·공간적 제약을 감소시키고 지역을 변화시킨다'에 비추어 교육과정을 해석하는 과정이 필요하다. 이렇게 성취기준과 함께 내용 체계의 핵심 아이디어를 보면 왜 가르치는지의 초점이 생기게 된다.

교육과정 자료 살펴보기

교육과정 자료인 교사용 지도서와 교과서 등을 통해 사실적 지식과 기능을 추출할 수도 있다

2. 중요한 교육 내용 어떻게 선정·조직할 것인가?

교육과정을 푸는 작업을 통해서 학생들이 학습해야 하는 것들을 찾아냈다면 이때 먼저 고려해야 할 것은 2022 개정 교육과정의 핵심 아이디어와 2015 개정 교육과정의 일반화된 지식이다. 왜냐하면 학생들이 배운 것을 새로운 상황에 전이시키기 위해서는 학생이 무엇을 내면화해야 하는지를 교사가 파악해야 하기 때문이다.

영속적 이해 추출하기

영속적 이해는 학생들이 사실로부터 추론하는 것을 연습하게 도와주어야 함은 물론 내용 목표이기도 하다. 따라서 영속적 이해는 학습

목표처럼 진술되지 않도록 유의해야 한다. 또 능동형, 현재시제를 사용하며 한 단원에서 1~4개 정도를 설정하는 것이 보편적이다. 영속적 이해는 일반화의 정도에 따라 포괄적 수준과 단원 수준[2]으로 나뉜다.

영속적 이해의 종류

포괄적 수준	단원 수준
• 포괄적 수준의 이해는 특정 단원을 넘어서서 학생들이 도달하길 바라는 일반적이고 전이 가능한 이해를 의미한다. • 학교급을 관통하여 반복된다.	• 단원 수준의 이해는 교과의 단원이나 소재와 결합하여 구체적이다. • 단원 수준의 이해는 다루는 내용의 범위를 보여 주며, 학교급별로 달라질 수 있다.

2022 개정 교육과정 내용 체계의 핵심 아이디어는 영속적 이해의 한 형태로 볼 수 있으며 2022 개정 교육과정의 핵심 아이디어를 참고하여 포괄적/단원 수준의 영속적 이해를 작성할 수 있다.

2022 개정 교육과정의 '내용 체계'

영역	인문환경과 인간생활
핵심 아이디어	• 자연적, 인문적 특성은 특정 지역의 인구 분포, 인구 구성, 인구 이동에 영향을 미친다. • 장소나 지역에 따라 다양한 문화가 형성되고, 문화는 여러 요인에 의해 변동된다. • 도시와 촌락은 입지, 기능, 공간 구조와 경관 등의 측면에서 다양한 유형이 존재하며, 여러 요인에 의해 변화한다. • 인간의 경제활동은 자원이나 산업구조 등 지역의 특성에 따라 다양한 모습으로 나타나며, 교통과 통신은 시·공간적 제약을 감소시키고 지역을 변화시킨다.

출처: 교육부(2022a), p. 154

영속적 이해는 성취기준을 파악한 후 내용 체계에서 해당하는 핵심 아이디어를 찾고 미리 추출한 개념을 관련지어 작성한다. 교사는

---

2. 위긴스와 맥타이는 소재적(素材的)이라고 하였지만, 여기에서는 단원을 설계하기 때문에 용어를 단원 수준의 영속적 이해라고 하였다.

이를 바탕으로 단원의 내용 요소를 반영해 학교급에 맞는 단원 수준의 영속적 이해로 바꾸어 작성하면 된다.

영속적 이해 추출 과정

영속적 이해의 포괄적 수준	영속적 이해의 단원 수준
• 인간의 경제활동은 자원이나 산업구조 등 지역의 특성에 따라 다양한 모습으로 나타나며, 교통과 통신은 시·공간적 제약을 감소시키고 지역을 변화시킨다.	• 교통수단과 통신수단은 시간의 흐름에 따라 변한다. • 교통수단과 통신수단은 사람들의 생활 방식에 영향을 미친다. • 교통수단과 통신수단은 환경에 따라 다양한 방식으로 변화한다.

지식·이해 추출하기

지식·이해는 교수·학습의 결과로 획득되는 사실적 지식과 개념적 지식으로 나눌 수 있다. 사실은 개념과 일반화의 예에 해당한다. 그리

지식·이해 추출 과정

	내용 체계	내용 요소 (지식·이해)	• 교통, 통신과 생활의 변화	지식·이해	
				개념적 지식	사실적 지식
교육 과정 문서	성취 기준	성취기준 (명사)	• 옛날부터 오늘날 • 교통과 통신수단의 변화 • 이동과 생활 모습의 변화 • 정보 교류와 의사소통 방식의 변화	• 발달 • 변화 • 상호작용	• 교통수단의 종류 • 통신수단의 종류 • 교통수단 • 통신수단 • 사람들의 생활 모습
		성취기준 해설 및 고려 사항	• 교통 및 통신수단의 발달 과정 • 교통과 통신수단의 발달이 우리 고장 사람들의 생활 모습 변화에 미친 영향 (시·공간의 확대)		
교육 과정 자료 (예시)	• 교통수단의 종류, 통신수단의 종류 • 환경과 목적에 따른 교통수단 • 하는 일에 따른 통신수단				

고 개념은 사실들 간의 관계를 구조화한 것이다. 지식은 교육과정 자료(교사용 지도서 및 교과서 등)에 제시된 사실적 지식과 2022 개정 교육과정의 내용 체계(내용 요소)와 성취기준(명사)을 분석하여 작성할 수 있다. 앞서 설명한 교육과정 풀기를 통해 추출한 내용들의 우선순위를 정하는 것이라고 생각하면 된다

과정·기능 추출하기

2022 개정 교육과정의 '내용 체계'에는 2015 개정 교육과정에 도입되었던 기능이 과정·기능으로 바뀌었다. 역량을 기르는 교육에서 학습은 단순하게 지식을 아는 것이 아니라 탐구를 통해 지식을 확장·수정하는 과정이기 때문에 학생들의 깊이 있는 학습이 가능할 수 있도록 교과의 사고 및 탐구 과정을 명료화할 필요가 있다. 2022 개정 교육과정의 과정·기능은 교과 고유의 사고 및 탐구 과정 또는 기능을 말한다. 과정·기능은 지식을 습득하는 데 활용되는 과정이면서 학습되어야 할 절차적인 지식으로 볼 수 있다. 교과를 한다는 것은 기능뿐 아니라 지식을 필요로 하며 지식·이해와 과정·기능은 서로 상호작용한다. 또한 과정·기능은 교수·학습 활동이 아니므로 활동처럼 작성되지 않도록 유의해야 한다.

과정·기능은 2022 개정 교육과정 '내용 체계'의 과정·기능과 성취기준을 분석하여 작성할 수 있다. 다만 2022 개정 교육과정의 기능은 학교급별로 다소 포괄적으로 진술되어 있어서 단원의 내용을 분석하고 그 내용과 결부시켜 구체화시킬 필요가 있다. 따라서 2022 개정 교육과정에 제시된 과정·기능을 그대로 나열하는 것이 아니라 교육과정 문서와 자료의 분석을 통해 핵심적인 과정·기능을 선정해야 하며, 기능의 작성 과정을 살펴보면 다음과 같다.

범주	내용 요소		
	초등학교		중학교
	3-4학년	5-6학년	1-3학년
과정·기능		•도시의 특징과 관련지어 도시문제를 파악하고 해결 방안 탐구하기 •인구 자료를 바탕으로 인구 특징과 인구 문제 파악하기 •자료를 바탕으로 교통과 통신의 변화를 찾고, 생활 변화와의 관계 파악하기	•지도상에서 세계와 우리나라의 주요 인문환경 요소 위치 파악하기 •각 지역의 인문환경과 주민생활 간 상호연계성 파악하기 •다양한 데이터 및 시사 자료를 활용하여 지역의 특성, 당면 과제와 지역의 변화 추론하기 •지역의 변화와 그 영향을 다양한 스케일상의 다른 지역과의 상호연계성과 관련하여 파악하기

출처: 교육부(2022), p. 154

과정·기능 추출 과정

교육과정 문서	내용 체계	과정·기능	•자료를 바탕으로 교통과 통신의 변화를 찾고, 생활 변화와의 관계 파악하기	추출	기능
	성취기준	성취기준 (동사)	•설명한다 •이해한다	•자료 수집하기 •조사하기 •설명하기 •탐색하기 •비교하기	•다양한 자료원을 활용하여 자료 수집하기 •자료를 여러 기준으로 분류하고 비교하기 •사실과 정보를 종합하기
		성취기준 해설 및 고려 사항	•살펴본다 •탐색한다 •파악한다		
교육과정 자료 (예시)	•비교하기, 설명하기, 파악하기, 조사하기, 문제를 이해하기, 해결하려는 태도				

가치·태도 추출하기

2022 개정 교육과정의 '내용 체계'에는 가치·태도가 도입되었다. 가치·태도는 교과 활동을 통해 학생들이 갖추고 기르기를 기대하는 태도로, 교과의 학습 과정에서 교과 내용과 관련되는 학문 관련 태도

일 수 있고, 교과를 학습하여 내면화한 사람이 살아가는 데 지향점으로 삼을 가치 등일 수 있다.은정덕 외, 2021 가치·태도는 영역별로 제시되어 있기는 하지만, 교과별로 기르고자 하는 일반적인 것으로 교과적인 차원에서 한 번 더 생각해 보는 것이 좋다. 가치·태도는 성취기준에 내재되어 있을 수도 있고, 핵심 아이디어, 성취기준 해설 등에서도 확인할 수 있다.

교육과정 문서상에는 '교통과 통신의 변화에 따른 미래 사회에 대한 호기심'으로 되어 있지만, 예시 단원은 '사회 변화에 대한 관심과 비판적 관점 가지기'를 추가하였다.

2022 개정 교육과정의 '내용 체계'

범주	내용 요소		
	초등학교		중학교
	3-4학년	5-6학년	1-3학년
가치·태도	•세계 여러 국가의 다양한 인구 특징에 대한 관심 •도시문제 해결을 위한 실천 노력 •교통과 통신의 변화에 따른 미래 사회에 대한 호기심		•다른 지역의 문화와 생활양식에 대한 이해, 관심, 존중 •문화 다양성에 대한 열린 태도와 다문화 감수성 •다른 지역, 문화, 종교, 인종에 대한 인식 및 관점에 대한 반성적 성찰 •세계와 우리나라의 지역 이슈에 대한 관심 •세계와 우리나라의 지속가능한 발전을 위한 참여 및 실천

출처: 교육부(2022), p. 154

3. 핵심질문 어떻게 개발할 것인가?

백워드 설계에서 핵심질문은 1단계에 위치한다. 이는 질문이 학생들이 탐구를 통해 도달해야 할 지향점이라는 것을 보여 준다. 핵심질문을 개발하는 것은 사실 그리 쉬운 일이 아니다. 하지만 글을 쓰는 과정을 통해 글쓰기가 쉬워지는 것처럼 핵심질문을 만드는 과정을 반복하고, 자기평가, 동료평가를 하면서 핵심질문을 수정하는 과정을 거치면 교사의 핵심질문 개발 능력은 길러질 수 있다. 핵심질문은 영속적 이해와 같이 포괄적 수준의 핵심질문과 단원 수준의 핵심질문으로 나눌 수 있다.

핵심질문의 종류

포괄적 수준	단원 수준
• 전체 교육과정을 관통하는 질문 • 교과의 기반 학문들이 근거하고 있는 일반화들과 관련지어지며 광범위하고 일반적임	• 일반화를 구체적인 소재와 결부시킴 • 단원 수준 핵심질문들은 학년 또는 수업 수준에서 사용되며, 내용을 더욱 구체화하고 초점을 제공하는 역할을 함

이 단원의 경우 영속적 이해로부터 포괄적 핵심질문을 작성하였고, 다시 그것을 3학년의 단원 소재(교통수단과 통신수단)와 결부시켜 소재적 핵심질문으로 작성하였다. 핵심질문은 수업 중 계속 사용하는 질문으로 학생의 언어로 진술하고 학생들의 탐구심을 이끌어 내려고 하였다. 영속적 이해와 일대일 대응은 아니지만 동전의 양면과 같다고 할 수 있으며 표로 나타내면 아래와 같다.

교육과정을 분석하고 영속적 이해를 만들면서 교사는 다음과 같은 전이 목표를 생각해 볼 수 있다. 학생들은 이 단원의 학습을 통해서 궁극적으로는 "교통과 통신의 변화가 우리의 삶에 영향을 미친다는 것을 이해하고, 이와 같은 변화가 우리 삶과 사회에 어떤 영향을 미치는지를 비판적으로 바라볼" 수 있기를 기대한다.

핵심질문 개발 과정

영속적 이해의 포괄적 수준	영속적 이해의 단원 수준
• 인간의 경제활동은 자원이나 산업구조 등 지역의 특성에 따라 다양한 모습으로 나타나며, 교통과 통신은 시·공간적 제약을 감소시키고 지역을 변화시킨다.	• 교통수단과 통신수단은 시간의 흐름에 따라 변한다. • 교통수단과 통신수단은 사람들의 생활 방식에 영향을 미친다. • 교통수단과 통신수단은 환경에 따라 다양한 방식으로 변화한다.

포괄적 수준 핵심질문	단원 수준 핵심질문
• 인간의 경제활동은 어떤 요인에 의해 변화하나요? • 지역의 어떤 특징이 인간의 경제활동에 영향을 주나요?	• 옛날부터 오늘날까지 교통수단(통신수단)은 어떻게 바뀌어 왔나요? • 교통수단(통신수단)의 발달은 사람들의 생활 모습에 어떤 영향을 주나요? • 교통수단(통신수단)이 지역의 환경과 사람들의 하는 일에 따라 달라지는 이유는 무엇인가요?

2022 개정 교과 교육과정, 어떻게 읽을 것인가?

2015 개정 교육과정과 2022 개정 교육과정 모두 모든 학생의 역량을 길러 주는 것을 교육의 목적으로 설정하였다. 핵심역량은 교과 학습과 창의적 체험활동을 포함한 학교의 교육 활동 전반에 걸쳐서 길러질 수 있다. 역량은 지식, 기능, 가치 및 태도를 포함하는 총체적인 개념으로 정의되므로 교과를 통해 학생들이 배워야 할 지식, 기능, 가치 및 태도를 밝히는 작업이 이루어져야 한다. 2015 개정 교육과정에서는 내용 체계에서 가치 및 태도를 명시적으로 드러내지는 않았지만 성취기준에 이를 반영하였다. 2022 개정 교육과정에서는 내용 요소를 지식·이해, 과정·기능, 가치·태도의 세 차원으로 구성하였다. 학생들이 이와 같은 세 요소를 학습하고 이를 특정한 상황에서 전이 혹은 수행으로 드러낼 수 있도록 하기 위해서 학생들이 궁극적으로 자기 지식으로 만들어야 할 혹은 체화해야 할 것을 '핵심 아이디어'라는 것으로 진술하였다.

2015 개정 교육과정에서는 핵심역량을 기르기 위해서는 학습량 과다의 문제를 해결해야 한다고 보았다. 이를 위해 단순히 양을 줄이는 것이 아니라 학생들이 여러 내용을 구조화하고 의미 있는 학습이 이루어질 수 있도록 '핵심 개념'을 도입하였다. 핵심 개념을 도입함으로써 각 교과에서 영역 내뿐 아니라 영역을 관통하는 교과의 핵심적인 얼개 혹은 구조를 드러내고자 하였다. 하지만 교과 내 영역을 연결하거나 교과와 교과를 연결하는 기반으로 작동하지 못했고, 교과의 영역별로 제시되었다. 핵심 개념은 추상적인 단어나 구로 표현되기 때문에 그 의미를 명료화하고, 학생들이 여러 현상, 정보, 사실들을 습득할 때 이를 바탕으로 일반화할 수 있도록 '일반화된 지식'을 병렬적으로 제시하였다. 그리고 여러 현상과 역

량을 기르기 위해서는 교과 고유의 사고와 탐구 능력을 기르는 것이 중요하므로 '기능'을 도입하였다.

2022 개정 교과 교육과정 개발을 위한 초기 연구에서는 핵심 개념을 개선하여 영역 구분과 명칭, 영역 간 연계와 통합을 시도하였지만 교과 내 영역 간, 교과 간 연결 개념을 설정하기 위한 연구가 충분히 이루어지지 못하면서 결국 영역 내 한정된 핵심 개념이 만들어졌다. 이로 인해 핵심 개념과 일반화된 지식을 구분하는 것이 큰 의미가 없어지고 이 둘을 연결해서 문장으로 진술하고 핵심 아이디어로 명명하였다.

역량 교육은 전이 이론에 바탕을 두고 학교에서 배운 것을 학교 밖 삶에 필요한 능력으로 전이시킬 수 있기를 기대한다. 따라서 2022 개정 교육과정의 핵심 아이디어는 내용 요소의 세 차원을 선정하고 조직하는 기준으로 작동하면서 학생들이 사회적 실천 즉 지식의 사회적 구성 과정에 참여함으로써 구성하는 전이력이 높은 강력한 지식이 된다. 지식·이해를 배우는 과정은 단순히 지식을 습득하는 것이 아니라 사고나 탐구의 과정을 거쳐야 하며 그 '교과를 한다'는 것은 지식·이해가 필요함을 시사한다. 또한 역량은 실천 및 수행으로 드러나므로 학생은 인지적인 요소뿐 아니라 비인지적인 태도, 가치, 의지 등을 계발해야 한다.

교육과정 개정을 개선의 관점에서 보면 진일보했다고 볼 수 있지만 여전히 해결되어야 할 과제들이 있다. 예를 들어, 영역별로 핵심 아이디어가 제시되었기에 영역 간 연계와 통합이 잘 드러나지 않아서 학생들이 교과 학습을 통해서 전체를 조망할 수 있도록 하는 기회를 제공하는 데 한계가 있을 수 있다. 또한 과정·기능이 여전히 교과 고유의 사고나 탐구 과정보다는 수업 중 학생이 드러내어야 할 행동이나 활동으로 기술된 경우도 있어서 교사가 교육과정과 수업을 설계할 때 교과 역량을 참고하거나 실천적 경험 혹은 실천적 지식을 바탕으로 학생의 사고와 탐구 과정을 만들어야 한다.

이해중심 교육과정과 개념기반 교육과정의 차이는 무엇인가?

최근에 IB 교육에 대한 관심이 증가하면서 IB 교육과정이 근거로 삼고 있는 개념기반 교육과정이 주목을 받고 있다. 이해중심 교육과정 설계의 핵심이 이해와 평가라고 한다면, 개념기반 교육과정 설계의 핵심은 개념과 탐구에 있다. 오늘날 학교에서 가르치는 교과는 학문이 학교 교육을 받는 학습자에 맞게 변환된 것이다. 학문은 점차 전문화되고 복잡해지지만 기본적으로 그 학문의 기초를 이루는, 즉 근간이 되는 개념들이 있다. 우리는 이것을 기초 개념이라고 부르기도 하는데, 사실은 기초basic가 아니라 핵심core 혹은 key 개념이라고 부르는 것이 더 타당해 보인다. 왜냐하면 그 개념들은 그 후 다른 개념들을 파생시키기도 하고 다른 개념들과 결합하여 학문의 틀과 이론을 구성하기 때문이다.

학문이라는 체계를 이루는 개념들은 적용 범위가 넓은 매크로 개념이 있기도 하고 적용 범위가 좁은 마이크로 개념도 있다. 이 개념들은 따로 존재하는 것이 아니라 서로 연결되어 있다. 전문가들은 개념들을 서로 연결하여 이론을 만들어 낸다. 학문 영역에 따라서는 이론이라고 부르기도 하고 법칙이라고 부르기도 하고 일반화라고 부르기도 한다. 개념들과 개념들의 연결을 바탕으로 만들어진 원리, 법칙, 일반화는 다양한 (실제) 현상들을 설명하고 해석하고 예측할 수 있도록 도와주는 도구이면서 새로운 이론을 창출하는 기반이 된다.

이해중심 교육과정과 개념기반 교육과정 모두 학생이 일반화를 구성하는 것을 강조하지만 이해중심은 이것을 수행능력으로 본다. 즉 이해중심은 학생이 새로운 상황에서 배운 것(개념을 포함한 일반화)을 새로운 상황이나 맥락에서 유창하고 유연하게 적용하는 능력을 길러 주고 그것을 평가를 통해 드러내도록 하는 것에 초점이 있다면, 개념기반 교육과정에서는 학생이 개념과 일반화를 형성하는 과정 그리고 그 과정에서 작동하는 탐구와 사고에 주목한다.

이러한 강조점의 차이는 단원의 설계 과정에서도 드러난다. 이해중심 교육과정에서는 단원 전체를 관통하는 영속적 이해와 핵심 질문을 바탕으로 학생이 의미를 만들고(추론), 새로운 맥락과 상황에 적용(전이)함으로써 자신만의 이해 혹은 지식을 만드는 것에 초점이 있다. 반면, 개념기반 교육과정에서는 단원을 스트랜드(하위 주제)로 구분하고, 각 스트랜드별로 일반화를 결정하고, 학생이 그러한 일반화를 개념적 렌즈에 비추어 만들 수 있도록 안내 질문을 만든다. 각 스트랜드별로 만들어 가는 구체적인 안내 질문은 수업에서 매우 유용하게 활용되며 교수·학습 활동을 구체화하는 역할을 한다. 교사가 수업 상황에서 할 수 있는 질문들을 먼저 생각해 보도록 함으로써 학습의 질을 높이고 학생들이 개념 및 일반화를 형성할 수 있도록 도와준다. 학생이 개념 및 일반화를 형성하는 과정에서 귀납적 추론이 일어난다. 즉 개념을 중심으로 저차원의 사고와 고차원의 사고 간 상호작용이 일어나며 이 과정에서 사고의 시너지가 일어난다. 학생들이 사실들과 기능들을 넘어 개념, 법칙, 일반화와의 관계와 규칙성을 찾고 우리가 학습한 것들에 대해서 더욱 깊은 의미를 이해할 수 있을 때 우리의 사고가 개념적 수준에서 통합되었다integrated고 할 수 있다.

1단계 템플릿 완성

관련 성취기준	[1단계] 기대하는 학습 결과		
	전이(Transfer-T)		
	• 교통과 통신의 변화가 우리의 삶에 영향을 미친다는 것을 이해하고, 이와 같은 변화가 우리 삶과 사회에 어떤 영향을 미치는지를 비판적으로 바라볼 수 있다.		
	의미(Meaning-M)		
	영속적 이해	핵심질문	
	포괄적 수준	포괄적 수준	
[4사04-02] 옛날부터 오늘날까지 교통의 변화에 따른 이동과 생활모습의 변화를 이해한다. [4사04-03] 옛날부터 오늘날까지 통신수단의 변화에 따른 정보 교류와 의사소통 방식의 변화를 설명한다.	개념적 렌즈(변화, 상호작용)[3] • 인간의 경제활동은 자원이나 산업구조 등 지역의 특성에 따라 다양한 모습으로 나타나며, 교통과 통신은 시·공간적 제약을 감소시키고 지역을 변화시킨다.	• 지역의 어떤 특징이 인간의 경제활동에 영향을 주나요? • 인간의 경제활동은 어떤 요인에 의해 변화하나요?	
	단원 수준	단원 수준	
	• 교통수단과 통신수단은 시간의 흐름에 따라 변한다. • 교통수단과 통신수단은 사람들의 생활방식에 영향을 미친다. • 교통수단과 통신수단은 환경에 따라 다양한 방식으로 변화한다.	• 옛날부터 오늘날까지 교통수단(통신수단)은 어떻게 바뀌어 왔나요? • 교통수단(통신수단)의 발달은 사람들의 생활 모습에 어떤 영향을 주나요? • 교통수단(통신수단)이 지역의 환경과 사람들의 하는 일에 따라 달라지는 이유는 무엇인가요?	
	습득(Acquisition-A)		
	지식·이해	과정·기능	가치·태도
	개념적 지식 / 사실적 지식	• 다양한 자료원을 활용하여 수집하기 • 자료를 여러 기준으로 분류하고 비교하기 • 구체적인 사실과 정보를 종합하기	• 교통과 통신의 변화에 따른 미래 사회에 대한 호기심 가지기 • 사회 변화에 대한 관심과 비판적 관점 가지기
	• 발달 • 변화 • 상호작용 • 교통수단의 종류 • 통신수단의 종류 • 교통수단 • 통신수단 • 사람들의 생활 모습		

---

3. 개념적 렌즈는 학습의 초점을 부여하며, 교사가 영속적 이해를 구성할 때 유용하다.

백워드 설계 1단계 Q&A

언어 교과(영어)에서도 일반화/원리가 중요한가요?

보통 언어 교과에서 영속적 이해(일반화)와 핵심질문 만들기를 힘들어합니다. 왜냐하면 국어와 외국어 같은 언어 교과는 기능 교과로 여기며 기능을 숙달하도록 하는 것에 초점을 맞추기 때문입니다. 하지만 기능을 숙달하고 많은 단어를 암기했다고 해서 그것을 특정 상황에 적용하는 것이 쉽지는 않습니다.

예를 들어 영어라는 언어 사용을 관통하는 원리를 배운다면 대화의 상황이나 읽고 쓰는 상황이 달라져도 그 원리를 바탕으로 '할 수 있는' 가능성을 높입니다. 물론 반복 훈련과 연습이 중요하지만, 원리에 대한 이해 없이 단순 훈련과 반복만 했을 때는 시간이 지나면 잊어버리게 됩니다.

영어 교과에서는 주어와 술어가 문장의 기본을 이루며, 주어와 술어를 중심으로 다양한 문장 구조가 이루어진다는 것은 중요한 원리가 됩니다. 이 원리를 중심으로 문장을 만들어 보는 것과 한두 개의 문장을 그냥 암기하는 것에는 차이가 있습니다. 아마도 학생들은 단어의 뜻을 모르더라도 사전의 도움을 받아 문장들을 만들어 낼 수 있을 것입니다. 즉 특정 구조를 가진 문장들을 만들고, 사용해 보는 것에 집중하게 될 것입니다. 또 하나의 원리로 하나의 단어가 문장에 따라 다른 의미로 쓰인다는 것을 들 수 있습니다. 교사가 이러한 원리에 비추어 가르친다면, 단어를 무조건 암기하도록 하는 것이 아니라 동일한 단어가 들어간 다른 문장들을 제시하거나 만들어 보게 할 것입니다.

개념적 지식과 사실적 지식을 꼭 구분해야 하나요?

학생들이 이해해야 할 것을 일반화 혹은 원리라고 할 때 일반화와 원리는 개념들 간의 관계로 구성됩니다. 그리고 그러한 개념들을 이해하는 것을 도와주는 것이 사실입니다. 사실적 지식들은 개념과 일반화/원리를 학습할 때 도움이 되므로 가르쳐야 할 중요한 내용이지만 개념들을 중심으로 가르쳐야 합니다. 서로 연결되지 않은 정보는 시간이 지나면 잊어버리거나 이후의 학습에 도움을 주지 못합니다. 따라서 어떤 지식을 가르칠 것인가라는 문제에서 사실적 지식과 개념적 지식을 구분해야 합니다. 개념적 지식을 선정하고 나면 학생들의 나이와 경험을 고려해서 어떠한 사실적 지식을 제시해서 학생들이 개념을 이끌어 내도록 할 것인지 결정할 수 있습니다.

중요한 것은 개념들을 사실이나 정보처럼 가르치지 않고 개념을 이끌어 낼 때 학생들의 사고와 탐구가 활용될 수 있도록 하는 것입니다. 또 기능은 '학생들이 할 수 있어야 할 것'을 의미하는데, 학자에 따라서 절차적 지식이라고 부르는 이유는 그것이 무엇을 하는 방법how to에 대한 지식이기 때문입니다. 예를 들어 과학에서는 가설을 설정하고 검증하는 일련의 탐구 과정을 알아야 합니다. 아는 데에서 그치지 말고 실제로 학생들이 그 탐구 과정과 과학적 사고를 경험할 수 있도록 해야 합니다.

핵심질문은 개방형인데 학생들에게 오개념을 가르치게 되지 않을까요?

핵심질문은 학생들이 배워야 할 내용을 질문 형태로 안내합니다. 학생들의 사고와 탐구를 유도하기 때문에 개방형으로 작성되는데, 보통 핵심질문은 학생들이 이해하기를 원하는 것과 밀접하게 관련됩니다. 이해를 위한 수업에서는 학습을 학생들이 지식을 단순 습득하는 것이 아니라 지식을 만들어 가는 것으로 봅니다. 핵심질문을 중심으로 학습이 이루어지는데 그 탐구의 과정에서 지식이나 기능을 습득하게 됩니다. 이 과정에서 학생들의 오개념을 드러낼 수도 있습니다. 물론 이 핵심질문을 통해 학생들이 도달한 답은 그 질문이 포함하는 일반화/원리, 개념적 지식, 기능에 비추어 적절성을 판단할 수 있습니다.

핵심질문을 할 때 포괄적 수준 질문과 단원 수준 질문을 구별해야 하나요?

핵심질문뿐 아니라 학생들이 도달하기를 원하는 이해(교과의 관점에서는 그 교과가 기반하는 학문의 일반화/원리)는 그 적용 범위에 따라서 포괄적인 것과 좀 더 구체적인 것으로 구분해서 생각해야 합니다. 포괄적 이해와 포괄적 핵심질문은 그 교과의 성격을 드러내면서 학습 내용의 범위를 보여 줍니다. 이 포괄적 이해와 핵심질문은 특정 소재나 주제와 결합해서 구체적인 단원 수준의 질문으로 구체화됩니다. 특정 교과의 소재적 질문들을 학년별로 모아 봅시다. 모아서 분석해 보면 소재적 질문은 학년별 위계를 드러낸다는 것을 확인할 수 있을 것입니다. 예를 들어 사회과에서는 전 학년에 걸쳐서 '법은 어떻게 세상을 움직이는가?'라는 질문을 할 수 있습니다. 저학년에서는 '규칙은 우리 생활에 어떤 영향을 미치는가?'라는 질문으로, 고학년으로 올라가면서 '민주사회에서 법은 우리 삶에 어떤 영향을 주는가?'와 같은 질문이 가능합니다. 즉 깊이가 점차 더해지면서 그 질문에 대한 잠정적인 답에 해당하는 개념들도 점점 더 전문화, 추상화됩니다. 포괄적인 수준의 질문은 내용의 폭과 범위, 단원 수준의 질문은 내용의 깊이와 위계에 관련되기 때문에 구별하는 것이 좋습니다.

2장
[백워드 설계 2단계]
이해의 다양한 증거:
어떻게 확인할 것인가?

백워드 설계 2단계는 1단계에서 확인한 기대하는 학습 결과를 학생들이 성취하고 도달하는지를 알 수 있는 평가 방법을 결정하는 단계이다. '이해'에 초점을 둔 백워드 설계라는 별칭이 암시하듯이, 이해중심 교육과정 설계에서는 수업 설계에 앞서 평가를 설계하게 된다. 이러한 점에서 백워드 2단계는 백워드 설계가 일반적으로 사용되는 교육과정 설계와 더욱 차별성을 보이는 지점이다.

2022 개정 교육과정 총론 문서의 평가에 대한 기준에서는 '학생의 학습과 성장을 지원하는 평가, 학습의 과정을 중시하는 평가, 수행평가의 내실화와 학생 맞춤형 평가 활성화'가 강조된다. 학습과 성장을 지원하는 평가의 의미는 평가에서 수집된 정보가 학생의 학습과 성장을 도울 수 있게 활용되어야 한다는 것이며, 학습의 과정을 중시하는 평가는 특정한 평가 방법이나 평가 시기가 아니라 학생의 학습에 대한 자기평가와 성찰이 이루어져야 한다는 것에 주목해야 한다. 수행평가의 내실화는 학습 내용에 대한 전이 가능한 이해와 고차적 사고를 평가할 수 있는 수행평가를 마련하고, 학생 맞춤형 평가 활성화는 학생의 학습 수준과 특성을 파악하고 이에 적합한 맞춤형 학습 경험을 제공하는 것을 의미한다.

특히 주목할 부분은 "학생이 자신의 학습 과정과 결과를 스스로 평가할 수 있는 기회를 제공한다"라는 진술이다. 이는 피드백을 통해 학생의 학습을 지원하는 평가와 함께 학생의 자기평가와 성찰이 중요하다는 점을 강조하고 있다. 따라서 교사는 학습의 전 과정에 걸쳐 공식, 비공식적인 방식으로 피드백을 제공하여 학생이 자신의 학습을 성찰할 수 있도록 해야 한다. 이와 같은 평가는 학생의 메타인지를 계발하고 지원하여 학생이 학습 내용을 자신의 이해로 구성할 수 있게 하므로 '교수·학습' 항목에서 제시된 깊이 있는 학습을 지원한다.

> 나. 학교와 교사는 성취기준에 근거하여 교수·학습과 평가 활동이 일관성 있게 이루어지도록 한다.
> 1) 학습의 결과만이 아니라 결과에 이르기까지의 학습 과정을 확인하고 환류하여, 학습자의 성공적인 학습과 사고 능력 함양을 지원한다.
> 2) 학교는 학생의 인지적·정의적 측면에 대한 평가가 균형 있게 이루어질 수 있도록 하며, 학생이 자신의 학습 과정과 결과를 스스로 평가할 수 있는 기회를 제공한다.
> 3) 학교는 교과목별 성취기준과 평가기준에 따라 성취수준을 설정하여 교수·학습 및 평가 계획에 반영한다.
> 4) 학생에게 배울 기회를 주지 않은 내용과 기능은 평가하지 않는다.

출처: 교육부(2022b)

1. 수행(평가)과제 어떻게 개발할 것인가?

학생의 역량을 함양하는 평가에서는 학생들이 수행을 통해 자신이 습득한 지식을 적용하고 고차원적 사고 기능을 활용할 수 있도록 해야 한다. 2022 개정 교육과정에서도 '수행평가의 내실화'를 강조하는데, 이는 역량 교육이 추구하는 목적을 실현해 가는 하나의 방식이라고 볼 수 있다. 여기서의 수행평가는 지필평가의 반대 개념이 아니라 학생들이 과제를 수행하는 과정과 만들어 낸 결과물이 창의적 사고나 복잡한 문제 해결을 보여 주는지를 파악하는 평가로 바라볼 필요가 있다.온정덕 외, 2023 따라서 교사는 학습한 것의 기억이나 재생을 넘어서 다양한 맥락 속에서 다양한 해결책을 가능하게 하는 과제나 문제를 제시해야 한다.

이해의 여섯 가지 측면을 활용한 평가 사례

이해의 측면	수행 동사	평가 관련 활동	평가 유형의 사례
설명 하기	설계한다, 종합한다 논증한다, 예측한다 도출한다, 증명한다	자신의 언어로 주요 아이디어를 말하고 관련짓고, 추리를 설명하도록 요구한다.	공급과 수요의 기능으로 특수 품목의 가격이 다양한 이유에 대한 구두 및 서면 설명을 제공한다.
해석 하기	설명한다, 평가한다 비유한다, 번역하다 유추한다, 판단한다	이야기, 자료, 상황, 주장을 이해하도록 요구한다.	시간 경과에 따른 가격의 기능을 설명하기 위한 PPT를 만든다.
적용 하기	적용한다, 결정한다 산출한다, 사용한다 제안한다, 해결한다	지식과 기능을 새로운 상황에 사용하도록 요구한다.	학교 매점이나 기금 모금자를 위한 가격을 정하기 위해 소비자 조사 연구를 수행한다.
관점 가지기	분석한다, 주장한다 추론한다, 비교한다	관점을 전환하거나 상이한 관점으로 사물을 볼 수 있고 사건의 다른 측면을 명료화하여 비판적인 자세를 지닐 수 있도록 요구한다.	가격에 대한 서로 다른 관점을 설명하기 위해 벼룩시장, 중고품 판매 시장에서의 구매자와 판매자 간의 흥정을 역할극으로 한다.
공감 하기	고려한다, 상상한다 ~와 같다, 관련짓다	타인의 방식을 수용하는 것이 아니라 다양한 사고와 감정을 이해하도록 요구한다.	소비자, 개발자, 상인으로서 상거래에 관한 생각과 느낌을 나타내기 위해 가상의 저널을 쓴다.
자기 지식 가지기	인식한다, 반성한다 자기평가한다	학생이 가지고 있는 편향된 생각을 알고 자신의 사고 과정이나 행동 패턴을 인식하도록 요구한다.	당신이나 누군가가 각각의 상품은 고유의 가치나 고정 가격을 가지고 있지 않다는 것을 이해하게 된 구체적인 경우를 기술한다.

출처: 강현석·이지은(2016), pp. 136-139

백워드 설계에서도 '이해'를 평가하기 위해 수행평가를 강조하는데, 여기에서의 '수행'은 학습자가 중요한 교육 내용을 과정과 결과물을 통해서 자신의 이해 정도를 드러내는 것으로, 단순히 재미있는 활동들과는 평가 내용의 측면에서 확연하게 구분된다.김경자·온정덕·이경진, 2017 위긴스와 맥타이가 제안하는 이해의 여섯 가지 측면은 하나의 과제가 이 모든 것을 통합하여 드러낼 수는 없으나, 하나의 과제는 적어도 1개 이상의 요소를 반드시 포함해야 한다고 말한다. 이해의 여섯 가지 측면은 위계가 있는 것은 아니며, 동등한 가치를 가지고 이해의 지표 역할을 하며 수행(평가)과제를 개발하고 선정하는 데 사용된다. 그리고 이해의 여섯 가지 측면을 평가의 청사진으로 활용하여 수행(평가)과제를 개발할 수 있다. 아래 표를 보면 이해가 쉬울 것이다.

수행(평가)과제 요소(GRASPS) 활용하기

위긴스와 맥타이는 백워드 설계에서 수행과제를 설계할 때 도움이 되는 설계 요소로 GRASPS를 제시하였다. 아래 표는 설계자들이 GRASPS를 더욱 쉽게 활용할 수 있도록 각 요소별 단서를 제시한 것이다.

수행(평가)과제 요소

GRASPS 요소	머리글자	예시 문장
Goal(목표)	G	너의 과제는 ~이다. / 그 목적은 ~이다.
Role(역할)	R	너의 일/역할은 ~이다.
Audience(청중)	A	너는 ~를 설득시켜야 한다.
Situation(상황)	S	너 자신은 ~한 상황에 있다.
Product(결과물)	P	너는 ~가 ~을 할 수 있도록 ~을 개발해야 한다.
Standard(준거)	S	너의 결과물은 반드시 다음의 기준들을 만족해야 한다.

출처: 강현석 외(2015), p. 171

수행(평가)과제는 실세계 맥락을 고려할 때 학생들에게 현실적이고 의미 있는 것이어야 하므로 역할과 청중 대상을 선정할 때 다양한 직업을 고려할 수 있다. 하지만 아래의 직업 또한 예시적인 성격으로 꼭 따라야 하는 것은 아니며, 교사가 정해 줄 수도 있지만 학생이 자신의 역할과 청중을 선택하도록 허용할 수도 있다.

직업 예시

역할	직업	청중	역할	직업	청중	역할	직업	청중
□	배우	○	□	가족	○	□	여론 조사원	○
□	광고주	○	□	농부	○	□	라디오 청취자	○
□	예술가	○	□	영화 제작자	○	□	독자	○
□	삽화가	○	□	소방관	○	□	보도 기자	○
□	저자	○	□	친구	○	□	연구자	○
□	전기 작가	○	□	지질학자	○	□	검토자	○
□	위원회 회원	○	□	정부 공무원	○	□	선원	○
□	상관	○	□	역사가	○	□	학교 관계자	○
□	컵스카우트	○	□	역사적 인물	○	□	과학자	○
□	사업가	○	□	인턴	○	□	선장	○
□	후보자	○	□	면접관	○	□	사회과학자	○
□	목수	○	□	발명가	○	□	사회사업가	○
□	만화 캐릭터	○	□	판사	○	□	통계학자	○
□	만화가	○	□	배심원	○	□	작가	○
□	유명 인사	○	□	변호사	○	□	학생	○
□	CEO	○	□	도서관 후원자	○	□	택시 기사	○
□	회장	○	□	사서	○	□	교사	○
□	요리사	○	□	문학평론가	○	□	여행 가이드	○
□	안무가	○	□	기상예보관	○	□	여행자	○
□	코치	○	□	미술관장	○	□	가정교사	○
□	지역사회 인사	○	□	큐레이터	○	□	경찰관	○
□	작곡가	○	□	이웃	○	□	웹 설계자	○
□	고객	○	□	뉴스 보도자	○	□	관람자	○

☐	건설 공사자	○	☐	소설가	○	☐	동물원 사육사	○
☐	무용가	○	☐	영양사	○	☐	도시 개발자	○
☐	디자이너	○	☐	토론자	○	☐	환경운동가	○
☐	탐정	○	☐	공원 순찰자	○	☐	기술자	○
☐	편집자	○	☐	편지 친구	○	☐	전문가	○
☐	공무원	○	☐	사진가	○	☐	목격자	○
☐	대사관 직원	○	☐	조종사	○	☐	시인	○

출처: 강현석 외(2015), p. 171

수행(평가)과제에서 요구하는 산출물에 따라 학생들이 수행하는 과정과 결과가 달라질 수 있다. 하지만 그 결과를 평가할 때는 동일한 준거를 사용해야 한다. 왜냐하면 1단계에서 계획한 이해의 적절한 증거여야 하기 때문이다.

결과물 예시

문어적	언어적	시각적
광고, 전기, 수필, 실험 기록, 연구 보고서, 소설, 수필, 편지, 뉴스 방송, 제안서 등	대화, 논쟁, 인형극, 라디오 대본, 노래, 연설, 토론, 시낭송, 랩, 수업하기 등	광고, 배너, 게임, 그래프, 스크랩북, 포스터, 사진, 전시, 파워포인트, 발표, 비디오, 만화, 콜라주, 배너 등

출처: 강현석·이지은(2016), pp. 146-147

양질의 수행(평가)과제를 개발하기 위해서 교사는 교육과정을 해석하는 안목을 갖추어야 한다. 1단계에서 이미 했듯이 성취기준들을 풀어내는unpacking 연습을 통해 성취기준, 학습 요소, 핵심 아이디어의 구조적 관계를 파악할 수 있어야 한다. 그리고 2022 개정 교육과정 문서상에서 영역 수준에 제시된 포괄적인 핵심 아이디어를 바탕으로 자신이 가르치는 단원의 내용과 결부 지어 구체화할 수 있어야 한다.온정덕 외, 2023 수행(평가)과제는 학생들이 그 핵심 아이디어를 자신의 지식으로 체화하고 그것을 새로운 상황에서 적용, 응용, 확장할 수 있도록 개발되어야 한다.

완성된 수행평가 계획

◆ 수행(평가)과제: 교통통신의 발달과 변화 -교통통신 박람회 참여하기!-

	수행(평가)과제 요소(GRASPS)						
목표(G)	여러분은 교통수단과 통신수단의 발달에 따른 사람들의 생활 모습의 변화를 비판적으로 볼 수 있도록 도와주어야 합니다.						
역할(R)	당신은 ○○시 어린이 교통·통신 박람회의 참여자입니다.						
청중(A)	대상은 어린이 교통·통신 박람회의 초등학생 관람객입니다.						
상황(S)	○○시 교통·통신 박람회의 어린이 기획전에 참여하게 되었습니다. 이에 여러분은 옛날과 오늘날의 교통·통신수단의 발달 과정에 따른 사람들의 삶의 변화를 살펴봅니다. 그리고 미래의 교통·통신 변화와 사람들의 삶의 변화를 예상해 보고 결과물(글과 그림)을 박람회에 출품해야 합니다.						
결과물(P)	신문, 설명서, 벽 전시물, 책, 자유 선택						
준거(S)	① 교통수단(통신수단)의 발달 과정을 통한 옛날과 오늘날의 비교 ② 교통수단(통신수단)의 발달이 사람들의 생활 모습에 미치는 영향 ③ 미래의 교통수단(통신수단) 변화와 사람들의 생활 모습 예상(편리한 점과 예상되는 문제)						
설명 하기	○	해석 하기	○	적용 하기	○	관점 가지기		공감 하기	○	자기 지식 가지기	

이제 교사용 평가 계획을 바탕으로 학생들에게 제시할 자세한 시나리오를 작성한다. 시나리오는 GRASPS를 모두 포함하나 아이들이 이해하기 쉽도록 풀어 써야 한다. 시나리오 역시 교사 스타일과 학생에 따라 다양한 형식이 가능하며, 수행(평가)과제에도 맞춤형 수업을 적용할 수 있으며, 이는 동일한 루브릭에 의해 평가를 받는다. 시나리오를 작성할 때 에듀테크 도구를 활용할 수도 있다.[4]

---

4. 경상북도 교육청 온무실_수행과제 생성기. https://sites.google.com/sc.gyo6.net/onffice/
%ED%99%88/7-g-ai-lab?pli=1

수행(평가)과제 시나리오

우리 학교는 '00시 교통·통신 박람회'의 어린이 기획전에 참여하게 되었습니다. 여러분은 옛날과 과거부터 현재까지 교통 및 통신수단의 발전 과정을 보여 주고 이를 바탕으로 기술혁신이 사람들의 삶(이동성, 소통방식, 경제, 사회, 문화)에 어떤 영향을 미쳤는지 살펴봅니다. 오늘날의 교통수단과 통신수단의 발달 과정을 조사하여 발달의 과정과 그에 따른 사람들의 생활 모습의 변화가 드러나게 결과물을 만들어 전시해야 합니다. 그러한 비교 활동을 통해 교통수단과 통신수단 발달 과정의 방향을 생각해 보고, 미래의 교통수단과 통신수단이 사람들의 생활 모습을 어떻게 변하게 할지 예상해 보고, 긍정적인 측면과 부정적인 측면을 함께 고려하여 설명해야 합니다. 단, 전시물은 다음의 세 가지를 포함해야 합니다.

흥미로운 주제 선정	결과물	필수 내용
① 땅에서의 교통수단(도로)	① 신문	① 교통수단(통신수단)의 발달 과정을 통한 옛날과 오늘날의 비교
② 땅에서의 교통수단(철로)	② 설명서	
③ 물에서의 교통수단	③ 벽 전시물	② 교통수단(통신수단)의 발달이 사람들의 생활 모습에 미치는 영향
④ 하늘에서의 교통수단	④ 책	③ 미래의 교통수단(통신수단) 변화와 사람들의 생활 모습 예상(편리한 점과 예상되는 문제)
⑤ 통신수단	⑤ ( )	
흥미 있는 주제에 (v) 하세요.	원하는 결과물에 (v) 하세요.	제출물에는 위의 세 가지 내용이 모두 들어가야 합니다. 필수 내용이 빠지는 일이 없도록 (v)하세요.

루브릭 작성하기

수행평가는 학생의 지식이나 기능, 태도, 심층적인 이해, 고차적 사고력 등을 확인할 수 있는 평가이며, 수행평가를 통해 학생의 학습도 효과적으로 이루어질 수 있다. 이때 학생 수행의 수준을 확인하여 더 나은 학습으로 발전할 수 있게 하려면, 평가 요소는 과제를 통해 보여 주어야 할 학생 수행의 특성으로 선정해야 하며, 선정한 평가 요소는 학생 수행의 질적 수준을 판단할 수 있도록 기술되어야 한다. 루브릭은 과제를 수행하는 과정과 결과에 드러나는 학생 수행의 질적인 수준을 채점하는 방법으로, 평가 요소에 따른 수행 수준 기술로 구성되어 있다. 즉, 수행 수준에 관한 기술은 '학생의 수행이 수준별로 어떤 질적인 차이가 있는지' 보여 주어야 한다.온정덕 외, 2023

학생 수행의 질적 수준을 판단하는 대표적인 방법은 루브릭이다.Brookhart, 2013; McMillan, 2013 '루브릭Rubric'이란 라틴어의 'ruber(붉은)'라는 단어에서 파생된 단어로 법원이나 종교 기관의 문서의 결정문을 붉은색으로 쓴 것에서 유래한 용어이다.한국교육과정학회, 2017 그러기 때문에 이 용어는 일반적으로 '공정하게 판단하는 기준'을 의미한다. 교육학에서는 이 용어를 '학생들이 만든 작품을 준거에 따라 목록화하고 등급을 결정하여 점수화하기 위한 도구', '학생들의 수행 과정 또는 수행 결과물의 수준을 판단하기 위해 준거와 수행 수준을 기술한 평가 척도'라는 의미로 사용하게 되었다.김선 외, 2017; 최경애, 2019

루브릭은 학생 수행의 현재 수준을 확인하고 더 나은 수행이 이루어질 수 있도록 구체적인 피드백을 제공하는 데 도움을 줄 수 있다. 루브릭은 주로 서·논술형 평가 문항이나 수행평가과제에서 활용된다. 특정 문항이나 과제 혹은 과업에 대한 학생의 반응을 채점할 때 사용되는 평가 준거를 일반적으로 루브릭이라고 부른다. 선다형 문항들을 채점하는 경우에는 학생이 정답을 했는지 오답을 했는지만 점검하면 되지만, 수행(평가)과제에 대해서 학생들은 다양한 반응을 나타낼 수 있기 때문에 정답과 오답으로 학생들의 반응을 판단하기보다는 종합적인 판단을 해야 한다. 따라서 이러한 판단이 타당하고 일관되며 공정하기 위해서는 반드시 루브릭이 있어야 한다. 루브릭은 평가 요소, 단계(수준), 수준에 대한 서술의 세 가지로 구성된다.

평가 요소를 결정할 때는 학생 수행이나 결과물의 어떤 특징이 영속적 이해에 대한 증거가 될 수 있는지를 따져 보아야 한다. 바람직한 평가 요소는 중요한 학습 내용 혹은 목표를 반영한 것으로, 만약 '연설을 평가한다'면 내용, 조직, 발표가 수행 준거로 설정될 수 있다. 또는 학생들의 수행의 속성이나 중요한 측면, 혹은 산출물의 종류를 활용할 수 있다. 교사는 과제를 통해 평가되는 목표와 학습자들에게 피드백을 주기 위해 가장 적절한 유형을 선택하면 된다.

단계(수준)는 학교에서 정한 나이스의 수행평가 단계를 확인하고 그 단계에 맞추어 작성하면 평가한 내용을 일관되게 기록할 수 있어 매우 유용하다. 학교마다 다르지만 나이스 수행평가 단계와 일관성을 유지하기 위해 매우 잘함, 잘함, 보통, 노력 요함의 4단계로 작성하여 활용하였다.

수준에 대한 서술은 하나의 평가 요소에서 '수준별로 어떤 질적인 차이가 있는가?'라는 질문에 대한 답이다. 학생의 활동에 대해서 다양한 정도와 단계적 변화를 표현하는 것으로 아래의 서술적 용어를 활용할 수 있다.

다양한 정도에 대한 서술적 용어

이해	해석	적용	관점	공감	자기 지식
정확하게	의미 있는	효과적으로	신뢰로운	민감한	자각하는
일관되게	통찰력 있는	효율적으로	드러내는	개방된	초인지
정당화하여	의의 있는	유창하게	통찰력 있는	수용적인	자기 조정하는
체계적으로	실례가 있는	적응적으로	그럴듯한	지각이 예민한	반성적인
예측하여	채색하여	적절한	유별난	감각이 세련된	지혜가 있는

출처: 김경자·온정덕·이경진(2017), p. 192

또 다른 방법으로 학생의 활동이나 산출물을 각기 다른 수준으로 구분할 때 사용할 수 있는데 초보자와 전문가 이해 사이의 차이점을 기술하는 것이다. 가장 완벽한 상태의 문장을 만든 후 위의 표에 제시한 형용사를 활용하여 단계별로 문장을 만들면 수월하게 작성할 수 있을 것이다.

루브릭 예시

평가 요소	매우 잘함	잘함	보통	노력 요함
설명문의 명확성	한두 단락의 분량으로 설명하는 글을 완성했으며, 도표를 정확하게 설명하였다.	한두 단락으로 설명하는 글을 썼으나 도표에 대한 설명이 명확하지 않다.	한 단락 분량으로 설명하는 글을 완성했고, 도표를 설명했으나 맞춤법과 문법에 오류가 있다.	한두 문장으로 짧게 작성했으며 의미를 파악하기 힘들다.
	전문적 수준	⇌		초보적 수준

출처: 김경자·온정덕·이경진(2017), p. 195

평가 루브릭은 평가의 목적, 방법, 개발 절차에 따라 총체적 루브릭과 분석적 루브릭, 일반적 루브릭과 특정 과제 루브릭, 교사 중심 루브릭과 학습자 중심 루브릭 등으로 구분된다.한국교육과정학회, 2017

루브릭의 유형은 평가 내용이나 요소를 한 번에 총체적으로 다루는지 요소별로 다루는지에 따라 총괄적 루브릭holistic rubrc과 분석적 루브릭analytic rubric으로 구분된다.

총괄적 루브릭은 척도의 각 범주가 여러 개의 평가 요소를 가지고 있어 전체적인 인상 또는 평정에 대해 하나의 점수만 제공된다. 장점은 간단하고 합리적인 요약 평정이 제공될 수 있다는 것과 모든 특징이 효율적으로 결합되어 빠른 시간 내에 채점이 이루어지고 단지 하나의 점수만이 존재한다는 것이다. 단점은 무엇을 개선할 필요가 있는지 거의 알려 주지 못한다는 점이다. 피드백의 목적에서 본다면 총괄적 점수는 학생이 무엇을 잘했고 어떤 점을 개선해야 하는지에 대해 구체적인 정보를 거의 제공하지 못한다. 고등학교 기말시험처럼 각각의 평가 요소에 관해 개별적으로 판단 내릴 필요 없이 한 가지 결정만 하면 되는 경우에는 총괄적 루브릭이 적합하다.

읽기를 위한 총괄적 루브릭 예시

4	글에서 의미 구성의 근거가 완전하고 글을 분명히 정교하게 이해하고 있다. 의미 있는 해석을 지지하기 위해 참고문헌이 사용되었다. 글과 독자의 생각/경험 간 연결의 근거가 있다. 독자가 비판적 입장(예: 저자의 글 쓰는 스타일을 분석하고, 글에 의문을 던지며, 대안적 해석을 제공하고, 글을 다른 관점에서 바라보기)을 취한다는 근거가 있다.
3	글이 정교하지는 않지만 단단히 이해하고 있음을 보여 준다. 의미 구성의 근거가 적절하다. 글과 독자의 생각/경험 간 연결이 많지는 않지만 일부 있다. 해석이 적절한 참고문헌으로 지지된다. 글에 대한 비판적 입장의 근거가 약간 있다.
2	의미 구성의 근거가 불완전하며 글의 부분적 이해만 드러난다. 글과 독자의 생각/경험 간 연결이 일부 있지만 이 연결은 피상적이며 충분히 전개되지 않았다. 해석이 부족하거나 적절한 참고문헌으로 지지되지 않는다. 글에 대한 비판적 입장의 근거가 전혀 없거나 거의 없다.
1	의미 구성의 근거가 매우 제한적이며 글에 대한 이해가 부족하고 피상적이다. 글과 독자의 생각/경험 간 연결의 근거가 없으며, 해석이나 비판적 입장에 대한 근거도 없다.

출처: 온정덕 외(2023), p. 100

분석적 루브릭은 평가 요소마다 따로 점수가 부여되는 것이다. 대부분의 교실 상황에서는 분석적 루브릭을 사용하는 것이 바람직하다. 한 번에 한 가지 기준에 집중하게 하면 학생들이 수행의 어떤 측면에 주의를 기울여야 하는지 알 수 있기 때문에 수업을 위해서도, 형성평가를 위해서도 유용하다.Brookhart, 2013 가령 분석적 채점이 체조에 사용되면 '유연성, 균형, 자세'와 같은 준거 각각을 따로 채점한다. 평가 요소가 독립적으로 평가된다. 장점은 학습자에게 더 자세한 진단 정보와 피드백을 제공하며 형성평가에 유용하다. 또한 학생들은 자신의 장단점을 더 자세히 볼 수 있으며, 자신의 준비와 노력을 각 평가와 연결할 수 있다. 하지만 분석적 루브릭은 만들고 채점하는 데 많은 시간이 소요된다. 다음에서 볼 수 있듯이 분석적 루브릭은 서로 다른 등급을 구분하는 준거의 본질에 대해 가능한 한 서술적 용어를 사용한다.

데이터 시각적 표시에 대한 분석적 지시문의 예시

평가 요소	점수				비중
	0	1	2	3	
제목	제목이 없음	제목이 자료를 반영하지 못함	제목이 있으나 추상적이고 일반적임	제목이 자료의 성격을 분명히 나타냄	10%
라벨	라벨이 없음	라벨이 그래프의 일부분에만 있음	라벨이 있으나 일부가 부정확함	라벨이 그래프의 모든 부분에 대해 정확함	20%
척도	척도가 없음	척도가 있으나 부정확함	척도가 적절하지만 오류가 있음	척도가 적절함	20%
정확도	자료가 없음	척도가 있으나 부정확함	자료가 있으나 약간의 오류가 있음	자료가 그래프의 모든 부분에 대해 정확함	30%
가독성	이해할 수 없음	그래프가 엉성해서 이해가 어려움	그래프가 가독성 있는 편임	그래프가 단정하고 가독성이 좋음	20%

출처: McTighe & Wiggins(2004)

또한 여러 과제나 교과에서 적용할 수 있는가에 따라 일반적 루브릭generic rubric과 특정 과제형 루브릭task-specific rubric으로 구분된다.

일반적 루브릭은 다양한 과업에서 보편적으로 사용할 수 있는 평가 요소와 수행에 관한 기술을 포함하고 있어서, 쓰기나 수학 문제 해결처럼 동일한 학습 성과를 기대하는 여러 과제에 사용될 수 있다. 일반적 루브릭의 평가 요소는 특정한 과제의 특징, 즉 특정한 문제 하나를 푸는 데 필요한 요소들이 아니라, 학습 성과를 보여 주는 다양한 측면이나 바람직한 문제 해결의 전반적인 특성을 나열한다. 일반적 루브릭에서는 수행에 관해 보편적으로 기술하므로, 학생들은 독립적이고 구체적인 과업의 특징이 아니라 전반적인 내용을 배운다.

수학 문제 해결 능력 평가를 위한 일반적 루브릭 예시

	수학 지식 증명 (문제를 정확하게 해결할 수 있는가?)	문제 해결 전략 사용 (문제를 어떻게 해결하는가?)	설명 작성 (자신의 문제 해결 과정을 설명할 수 있는가?)
5	나는 정답을 알아낸다. 나는 실수 없이 문제를 해결한다.	나는 문제에 있는 중요한 정보를 모두 사용한다. 나는 문제를 해결하기 위해 사용한 모든 단계를 보여 준다. 나는 문제를 어떻게 해결했는지 보여 주기 위해 그림을 그린다.	나는 내가 무엇을 했는지와 왜 했는지를 쓴다. 나는 내 문제 해결 과정의 각 단계를 설명한다. 나는 수학 용어와 전략의 이름을 사용한다. 나는 마지막에 답을 완전한 문장으로 쓴다.
4	나는 정답을 알아낸다. 나는 문제를 해결하지만 몇 가지 작은 실수를 한다.	나는 문제에 있는 중요한 정보를 대부분 사용한다. 나는 문제를 해결하기 위해 내가 사용한 대부분의 단계를 보여 준다.	나는 내가 무엇을 했는지를 쓰고, 왜 했는지에 관해서 일부 쓴다. 나는 내 문제 해결 과정의 대부분을 설명한다.
3	나는 답의 일부를 알아낸다. 나는 문제를 해결하려고 노력하지만, 몇 가지 주요한 실수를 한다.	나는 문제에 있는 중요한 정보 중 일부를 사용한다. 나는 문제를 해결하기 위해 내가 사용한 단계의 일부를 보여 준다.	나는 내가 무엇을 했는지, 또 왜 했는지에 관해 조금 쓰지만, 둘 다에 관해서는 쓰지 않는다. 나는 내 문제 해결 과정의 일부를 설명한다.
2	나는 문제를 해결하려고 노력하는데, 문제를 잘 이해하지 못한다.	나는 문제에 있는 중요한 정보를 거의 사용하지 않는다. 나는 문제를 해결하기 위해 내가 사용한 단계를 거의 보여 주지 않는다.	나는 앞뒤가 맞지 않는 문제 해결 과정을 쓴다. 나는 명확하지 않은 답안을 쓴다.
1	나는 문제를 해결하려고 시도하지 않는다.	나는 문제를 해결하기 위해 내가 사용한 단계를 하나도 보여 주지 않는다.	나는 문제를 어떻게 해결했는지에 관한 어떠한 설명도 쓰지 않는다.

출처: 온정덕 외(2023), p. 97

특정 과제형 루브릭은 특정 과제에 관해 학생의 답안에서 무엇을 살펴봐야 하는지를 자세히 설명하기 때문에 채점자에게 채점 지침의 기능을 한다. 따라서 학생의 답안을 채점할 때 일반적인 루브릭보다 추론이 덜 필요한 작업이므로 교사가 최소한의 연습으로도 더 쉽고 일관성 있게 적용할 수 있다. 이 때문에 대규모 평가에서는 특정 과제형 루브릭을 사용하기도 한다. 단점은 채점에만 유용할 뿐, 학생들이 학습 목표를 개념화하고 자신의 학습 진행 상황을 모니터링하는 데는 도움이 되지 않을 수 있다. 평가 전에 학생들이 루브릭을 미리 볼 수 있도록 공유할 수 없기 때문에 형성평가에 사용될 수 없다.

특정 과제형 루브릭으로 채점한 과학 서술형 시험 문항 예시

문항	
번개와 천둥은 동시에 발생하지만, 천둥소리를 듣기 전에 번개를 보게 된다. 그 이유를 설명하시오.	
모범 답안	천둥과 번개가 동시에 발생하지만, 빛은 소리보다 빠르게 이동하므로, 소리가 귀에 도달하기 전에 빛이 눈에 먼저 도달한다고 답함.
부분 정답	소리 대신 천둥, 빛 대신 번개 같은 용어를 사용해 속도를 설명하거나, 혹은 속도에 관해 일반적인 설명을 하지만 어느 것이 더 빠른지는 언급하지 않음.
만족스럽지 않은 답/오답	빛과 소리가 이동하는 속도와 관련이 없다고 답함.

출처: Brookhart(2013), p.113

루브릭은 학생들이 과제를 성공적으로 수행하는지에 대한 기준을 제공하고, 점수화하는 데 목표를 두기보다는 최종에는 자신들의 학습 과정과 사고를 반성할 수 있는 기회를 제공하는 데 사용해야 한다. 이렇게 작성된 수행(평가)과제와 루브릭은 단원의 초반에 학생들에게 안내한다.

루브릭에 교사와 학생 칸을 별도로 두고 있다. 이 루브릭은 교사가 과제나 과업을 채점하고 점수를 주면 학생은 두 점수를 비교할 수 있게 되고, 처음에는 학생들과 교사의 평가가 일치하지 않지만 시간이 지남에 따라 학생들은 점차 정직하게 스스로를 평가할 수 있게 된다.

결국 교사가 말하지 않아도 학생 스스로 학습 과정을 돌아보면서 자신의 학습을 향상시킬 수 있게 된다. 하지만 이 또한 예시적인 성격으로 루브릭은 학교, 교사 수준에서 다양한 형식을 활용할 수 있다.

루브릭

평가 요소 \ 단계	뛰어남	잘함	보통	노력 요함
교통 수단 (통신 수단)의 변화에 따른 생활 모습	교통수단(통신수단)의 발달 과정에 대한 자료를 수집하고, 그 자료를 바탕으로 옛날과 오늘날의 사람들의 생활 모습의 변화를 명확히 비교하였다.	교통수단(통신수단)의 발달 과정에 대한 자료를 수집하고, 그 자료를 바탕으로 옛날과 오늘날의 사람들의 생활 모습의 변화를 비교하였다.	교통수단(통신수단)의 발달 과정에 대한 자료를 수집하고, 그 자료를 바탕으로 옛날과 오늘날의 사람들의 생활 모습의 변화를 비교하였으나 그 내용을 알기 어렵다.	교통수단(통신수단)의 발달 과정에 대한 자료를 수집하였으나, 그 자료를 바탕으로 옛날과 오늘날의 사람들의 생활 모습의 변화를 비교하지 못하였다.
미래 사회 변화에 대한 예측	옛날과 오늘날의 교통수단(통신수단) 발달에 대한 분석을 바탕으로 미래의 교통수단(통신수단) 변화 방향을 타당하게 예측하고, 사람들의 생활 모습의 변화에 대한 긍정적인 측면과 부정적인 측면을 적절하게 설명하였다.	옛날과 오늘날의 교통수단(통신수단) 발달에 대한 분석을 바탕으로 미래의 교통수단(통신수단) 변화 방향을 예측하고, 사람들의 생활 모습의 변화에 대한 긍정적인 측면과 부정적인 측면을 설명하였다.	옛날과 오늘날의 교통수단(통신수단) 발달에 대한 분석을 바탕으로 미래의 교통수단(통신수단) 변화 방향을 예측하였지만, 사람들의 생활 모습의 변화에 대한 설명이 적절하지 못하였다.	옛날과 오늘날의 교통수단(통신수단) 발달에 대한 분석을 바탕으로 미래의 교통수단(통신수단) 변화 방향을 예측하지 못하고, 사람들의 생활 모습의 변화에 대한 설명이 적절하지 못하였다.

교사 학생 ▨에 스스로 체크(∨)하세요.

2. 수행(평가)과제 외의 평가 방법과
   자기평가 및 반성을 어떻게 계획할 것인가?

이 단원의 지식과 개념들을 수행평가 이외의 다양한 방법을 활용하여 평가하였다.

- 퀴즈:
  (골든벨) 옛날과 오늘날의 교통수단의 종류, 옛날과 오늘날의 통신수단의 종류
  (OX 퀴즈) 환경에 따른 교통수단의 종류, 하는 일에 따른 통신수단의 종류
  (학생 질문으로 퀴즈 내기, 빙고게임) 단원의 중요 개념에 대한 질문 만들어 풀어
  보기
- 서술형 평가: 환경이 교통수단의 발달과 사람들의 생활에 어떤 영향을 주는지
  설명하기
- 관찰: 시간의 흐름에 따른 교통수단과 통신수단 한줄서기 게임, 수업 참여도
- 학습 결과물: 학습지(전문가별 학습지), 배움공책(학습일지), 포트폴리오, 모둠
  일기(학습일기), 학생들이 작성한 인터뷰지

자기평가 및 반성은 이해중심 교육과정에서 매우 중요하다. 대개의 경우 내용 평가는 학생들에게 채점기준이나 체크리스트와 같은 준거들을 주어 과제를 수행하는 동안 그리고 과제가 끝난 후에 스스로 내용에 대한 이해 정도를 평가하도록 한다. 동시에 학생들이 어떠한 사고 과정을 거쳤는지 되돌아보고 학습자로서 반성하는 기회를 제공해 주어야 한다.

- 자기평가: 학생들은 자신들이 만들어 낸 수행의 결과물들을 평가 준거에 따라
  스스로 평가할 것이다.
- 상호평가: 평가 준거에 따른 체크리스트를 통해 반 학생들과 상호평가하며 그 결
  과를 피드백할 것이다.
- 학습일지: 학생들은 스스로 학습자로서 성장의 정도를 글로 표현하는 짧은 글
  쓰기를 할 것이다.

학습의 과정을 중시하는 평가, 왜 중요한가?

역량 교육은 전이 이론을 바탕으로 하며, 학생들이 어떤 상황에 맞닥뜨렸을 때 이미 학습한 것 중에서 그 상황이나 맥락에 적절한 것을 끌어내고 이를 새로운 상황에 적용할 수 있는 것을 강조한다. 이를 위해 학교에서는 학생들에게 초인지를 활용하여 자신의 학습 과정과 배운 것을 성찰하고 자신의 학습을 평가하는 기회를 제공해야 한다. 2015 개정 교육과정에서는 이것을 학습의 과정을 중시하는 평가라는 용어로 표현하였다. 2015 개정 교육과정 총론 문서에는 '교육과정 구성의 중점' 항목에 "학습의 과정을 중시하는 평가를 강화하여 학생이 자신의 학습을 성찰하도록 하고 평가 결과를 활용하여 교수·학습의 질을 개선한다"라고 진술되어 있다. 학습의 과정을 중시하는 평가는 학습 후 학생의 지식 습득 정도나 수행을 측정하기 위한 일회성 평가에서 벗어나 교수·학습과 통합적으로 연계되어 학생의 학습을 지원하는 것을 강조한다. 교실에서 이루어지는 평가의 주요 목적은 학생 스스로 무엇을 어느 정도 성취하고 있는지 파악할 수 있도록 도와주고 부족한 부분에 대한 정보를 제공하여 학습 경험의 성장을 지원하는 데 있다. 그리고 평가의 결과는 학습의 질을 향상시키고 수업을 개선하기 위한 자료로 적극 활용되어야 한다.교육부, 2015a

2015 개정 교육과정 총론 문서는 학생의 자기평가와 반성이 이루어질 수 있도록 교수·학습에서는 "학생이 스스로 자신의 학습 과정과 학습 전략을 점검하고 개선하며 자기주도적으로 학습할 수 있도록 지도한다"라는 기준을 제시하였다. 평가에 대한 기준에서는 "학교는 학생에게 평가 결과에 대한 적절한 정보 제공과 추수 지도를 통해 학생이 자신의 학습을 지속적으로 성찰하고 개선할

수 있도록 지도한다'라는 기준과 "학습의 결과뿐만 아니라 학습의 과정을 평가하여 모든 학생이 교육 목표에 성공적으로 도달할 수 있도록 한다'라는 기준을 제시하였다. 교사는 학생이 능동적으로 자신의 학습을 점검하고 개선할 수 있도록 그에 필요한 공식적·비공식적 피드백을 제공해야 하며 적합한 추수 지도를 통해 학생의 성장과 발달을 지원해야 한다. 평가 결과를 바탕으로 한 학습의 방향과 방법에 대한 적절한 정보 제공은 학생들에게 자신의 학습 과정을 스스로 생각하고 잘못된 점을 개선할 기회를 제공한다는 점에서 중요한 의미를 지닌다. 또한 교사는 시기와 상황에 적합하게 진단평가, 형성평가, 총괄평가 등을 실시하고 그 결과를 활용하여 수업의 질을 지속적으로 개선해야 한다.

이와 같은 기준과 해설서의 내용에서는 학생이 평가의 주체가 되고 평가는 학습에 통합된 부분임을 지속적으로 강조하고 있지만, 2015 개정 교육과정이 실행되는 과정에서 '과정중심 평가'라는 용어가 사용되면서 수업 중에 여러 번 평가하는 것처럼 해석되기도 했다. 평가에서 학생의 학습에 대한 정보를 다각도로 수집한다는 것은 중요한 목적이지만, 형성평가를 통해 학생들의 학습에 대해 여러 증거를 수집하는 것은 과정을 중시하는 평가를 협의로 개념으로 접근하는 것으로 볼 수 있다.

2022 개정 교육과정은 총론 문서상 '교육과정 구성의 중점'에서 "다양한 학생 참여형 수업을 활성화하고, 문제 해결 및 사고의 과정을 중시하는 평가를 통해 학습의 질을 개선한다'라는 진술을 통해 평가가 학습과 긴밀하게 연결됨을 강조한다. 학습의 과정을 중시하는 평가가 이루어지기 위해서 교사는 학생에게 학습 과정 전반에서 자신의 학습을 점검하고 반성해 보는 기회를 제공해야 한

다. 학생은 사고 과정의 주체인 자신을 성찰할 수 있어야 한다. 메타인지 혹은 성찰은 학습자의 역량 계발에 핵심적인 역할을 한다. 현재의 경험은 이전의 경험에 영향을 받으며 성찰을 통해 계속 재구성된다. 메타인지는 학교 학습에서 교과와 관련된 문제 해결뿐 아니라 일상생활에서 맞닥뜨리는 여러 문제 해결 상황에 적용되는 사고 과정으로, '사고에 대한 사고' 혹은 '학습에 대한 학습'이라고 볼 수 있다.

2단계 템플릿 완성

교통통신의 발달과 변화
-교통통신 박람회 참여하기!-

수행(평가)과제 요소(GRASPS)

목표(G)	여러분은 교통수단과 통신수단의 발달에 따른 사람들의 생활 모습의 변화를 비판적으로 볼 수 있도록 도와주어야 합니다.
역할(R)	당신은 OO시 어린이 교통·통신 박람회의 참여자입니다.
청중(A)	대상은 어린이 교통·통신 박람회의 초등학생 관람객입니다.
상황(S)	OO시 교통·통신 박람회의 어린이 기획전에 참여하게 되었습니다. 이에 여러분은 옛날과 오늘날의 교통·통신수단의 발달 과정에 따른 사람들의 삶의 변화를 살펴봅니다. 그리고 미래의 교통·통신 변화와 사람들의 삶의 변화를 예상해 보고 결과물(글과 그림)을 박람회에 출품해야 합니다.
결과물(P)	신문, 설명서, 벽 전시물, 책, 자유 선택
준거(S)	① 교통수단(통신수단)의 발달 과정을 통한 옛날과 오늘날의 비교 ② 교통수단(통신수단)의 발달이 사람들의 생활 모습에 미치는 영향 ③ 미래의 교통수단(통신수단) 변화와 사람들의 생활 모습 예상(편리한 점과 예상되는 문제)

설명 하기	○	해석 하기	○	적용 하기	○	관점 가지기		공감 하기	○	자기 지식 가지기	

수행(평가)과제 외의 평가
- 객관식 퀴즈:
  (골든벨) 옛날과 오늘날의 교통수단의 종류, 옛날과 오늘날의 통신수단의 종류
  (○, × 퀴즈) 환경에 따른 교통수단의 종류, 하는 일에 따른 통신수단의 종류
  (학생 질문으로 퀴즈 내기, 빙고게임) 1단원의 중요 개념에 대한 질문 만들어 풀어 보기
- 서술형 평가: 환경이 교통수단의 발달과 사람들의 생활에 어떤 영향을 주는지 설명하기
- 관찰: 시간의 흐름에 따른 교통수단과 통신수단 한줄서기 게임, 수업 참여도
- 학습 결과물: 학습지(전문가별 학습지), 배움공책(학습일지), 포트폴리오, 모둠일기(학습일기), 학생들이 작성한 인터뷰지

자기평가
- 자기평가: 학생들은 자신들이 만들어 낸 수행의 결과물들을 평가 준거에 따라 스스로 평가할 것이다.
- 상호평가: 평가 준거에 따른 체크리스트를 통해 반 학생들과 상호평가하며 그 결과를 피드백할 것이다.
- 학습일지: 학생들은 스스로 학습자로서 성장의 정도를 글로 표현하는 짧은 글 쓰기를 할 것이다.

루브릭

단계 / 평가 요소	뛰어남	잘함	보통	노력 요함
교통 수단 (통신 수단)의 변화에 따른 생활 모습	교통수단(통신수단)의 발달 과정에 대한 자료를 수집하고, 그 자료를 바탕으로 옛날과 오늘날의 사람들의 생활 모습의 변화를 명확히 비교하였다.	교통수단(통신수단)의 발달 과정에 대한 자료를 수집하고, 그 자료를 바탕으로 옛날과 오늘날의 사람들의 생활 모습의 변화를 비교하였다.	교통수단(통신수단)의 발달 과정에 대한 자료를 수집하고, 그 자료를 바탕으로 옛날과 오늘날의 사람들의 생활 모습의 변화를 비교하였으나 그 내용을 알기 어렵다.	교통수단(통신수단)의 발달 과정에 대한 자료를 수집하였으나, 그 자료를 바탕으로 옛날과 오늘날의 사람들의 생활 모습의 변화를 비교하지 못하였다.
	☐	☐	☐	☐
미래 사회 변화에 대한 예측	옛날과 오늘날의 교통수단(통신수단) 발달에 대한 분석을 바탕으로 미래의 교통수단(통신수단) 변화 방향을 타당하게 예측하고, 사람들의 생활 모습의 변화에 대한 긍정적인 측면과 부정적인 측면을 적절하게 설명하였다.	옛날과 오늘날의 교통수단(통신수단) 발달에 대한 분석을 바탕으로 미래의 교통수단(통신수단) 변화 방향을 예측하고, 사람들의 생활 모습의 변화에 대한 긍정적인 측면과 부정적인 측면을 설명하였다.	옛날과 오늘날의 교통수단(통신수단) 발달에 대한 분석을 바탕으로 미래의 교통수단(통신수단) 변화 방향을 예측하였지만, 사람들의 생활 모습의 변화에 대한 설명이 적절하지 못하였다.	옛날과 오늘날의 교통수단(통신수단) 발달에 대한 분석을 바탕으로 미래의 교통수단(통신수단) 변화 방향을 예측하지 못하고, 사람들의 생활 모습의 변화에 대한 설명이 적절하지 못하였다.
	☐	☐	☐	☐

교사 학생 ☐ 에 스스로 체크(∨)하세요.

백워드 설계 2단계 Q&A

이해의 다양한 증거란 무엇을 의미하나요?

평가의 목표는 학생들의 학습에 대한 정보를 수집하는 데 있습니다. 이 과정에서 학생의 학습 결과에 대한 단 하나의 정보에 의존하는 것을 피해야 합니다. 따라서 학생이 이해했는지를 보기 위해서는 수행과제뿐 아니라 다른 평가 방법도 필요하다는 의미입니다. 학생들의 학습을 증명사진이 아니라 사진 앨범 식으로 다양하게 수집함으로써 학습의 다양한 측면과 성장을 확인할 수 있습니다.

또한 학생들의 자기평가가 중요합니다. 학생이 자기 자신의 관찰자가 됩니다. 자신이 어떻게 학습하는지, 어떠한 과정을 거쳐서 답을 도출했는지, 어떠한 부분을 잘하는지, 어떠한 부분이 부족하며 왜 그러한지 사고할 수 있어야 합니다. 메타인지는 교과에 대한 이해를 위해서 필요할 뿐 아니라 학습 자체에 대해서 학생이 스스로 반성하게 하기 위해서도 필요합니다. 따라서 교사는 학생들에게 자기평가와 반성의 기회를 제공해야 합니다.

수행(평가)과제를 계획하면서 교과서 내용과 수업 활동을 참고해도 되나요?

학생의 수행(평가)과제는 교수·학습 활동의 구심점을 제공합니다. 수업의 흐름에서 보면 수행(평가)과제는 학생들이 주로 단원을 마칠 때 하지만, 이전 차시들의 학습 활동들이 자연스럽게 학생들의 수행으로 연결되게 계획합니다. 그런 측면에서 수행과제를 계획할 때 교과서 내용과 활동을 함께 생각할 수 있습니다.

수행(평가)과제에 이해의 여섯 가지 측면을 모두 포함시켜야 하나요?

이해의 목표를 설정할 때는 무엇을 가르칠 것인지에 대한 의사결정을 합니다. 수행평가에서는 그 내용을 정말로 이해했다면 할 수 있어야 할 것을 계획하게 되는데, 이것을 도와주기 위해서 위긴스와 맥타이가 이해의 여섯 가지 측면을 제시합니다. 한 개의 과제에 한 가지 측면만 반영할 수도 있고 여러 가지 측면을 반영할 수도 있습니다.

수행(평가)과제에 GRASPS의 요소를 모두 포함시켜야 하나요?

수행(평가)과제는 학생들이 배운 내용을 새로운 상황에 적용할 수 있는지 평가하는 평가과제이면서 수업 활동의 일부분으로 이루어지는 과제입니다. 위긴스와 맥타이는 GRASPS를 교사들이 수행과제를 만들 때 형식의 측면에서 고려해야 할 요소로 제안합니다. GRASPS는 학생들이 특정 상황에서 목적을 가지고 대상을 고려하여 결과물을 만들어 내도록 고안하고, 그 과제에 대한 평가기준을 포함하라는 의미에서 제안한 것입니다. 하지만 학생들이 특정 맥락(가능하면 실생활과 유사한 맥락)에서 배운 내용을 설명, 적용, 혹은 해석하도록 하거나, 관점을 수립하고 공감하며 자기 자신에 대한 지식을 계발할 수 있도록 해야 하는 것이 더 중요합니다.

3장

[백워드 설계 3단계]

학습 활동:
어떻게 계획할 것인가?

1. 학습 활동 어떻게 선정할 것인가?

백워드 설계 3단계는 학생들이 '이해'에 도달하도록 학습 활동을 계획하는 데 초점이 맞춰져 있다. 1단계에서는 학생들이 도달해야 하는 기대하는 학습 결과를 결정하고, 2단계에서는 수행(평가)과제와 다양한 평가 방법, 자기평가 등을 활용하여 학생들이 기대하는 학습 결과를 얻었는지를 확인할 수 있는 증거들을 파악한다.

교육과정 풀기를 통해 확인했듯이 교과서는 너무 많은 양의 지식을 담고 있으며, 교과서가 항상 성취기준과 일치하지는 않기 때문에 교과서 내용에만 의존해서 가르치는 것은 그리 바람직하지 않다. 만약 교사가 교실에서 교육과정과 수업을 일치시키지 않는다면 교육과정과 평가의 일체화를 위해 쏟았던 노력은 아무 의미가 없어진다. 따라서 3단계에서는 1단계부터 2단계까지의 일관성을 유지하면서 1단계와 2단계에서 계획한 것이 구체적으로 어떻게 학습 활동으로 구현될 수 있는지를 계획해야 한다.

이해의 여섯 가지 측면 활용하기

3단계 학습 활동에서는 1단계에서 추출한 중요한 교육 내용을 중심으로 이해의 여섯 가지 측면을 고려한 학습 활동의 개발이 중요하다. 3단계에서는 학습 활동에 대한 구체적인 계획을 강력하게 하나로 통합시키기 위해서 이해의 여섯 가지 측면과 연관된 활동을 활성화해야 한다. 수업에서 진행될 모든 교수·학습 활동은 '이해'라는 중심 목표와 영속적 이해, 핵심 개념, 기능을 중심으로 일관성 있게 유지되어야 하기 때문이다.

이해의 여섯 가지 측면을 활용한 수업 활동 예시

이해의 측면	학습 활동 예시
설명하기	옛날과 오늘날의 교통수단(통신수단) 발달 과정 설명하기
해석하기	옛날과 오늘날의 교통수단(통신수단) 발달 과정에 대한 조사를 통해 변화의 방향 이야기 나누기
적용하기	오늘날의 교통수단(통신수단) 문제를 해결할 수 있는 미래의 교통수단(통신수단) 모습 예측해 보기
관점 가지기	자율주행자동차의 등장으로 인한 편리한 점과 사람들의 생활에 미치는 부정적인 측면을 고려하여 자신만의 관점 가지기
공감하기	내가 특이한 환경에 사는 사람이라면, 교통수단(통신수단)의 불편함이 어떠할지 상상해 보기
자기 지식 가지기	교통수단(통신수단) 발달이 자기 자신의 삶과 사회에 미치는 영향을 비판적으로 바라보기

핵심질문 활용하기

의미 있는 학습 활동을 계획하는 또 다른 방법은 핵심질문을 활용하는 것이다. 핵심질문은 '이해'로 가는 관문과 같은 역할을 하므로 모든 학문에 존재하며 내용과 과정을 구조화하는 데 활용될 수 있다. 이제 학생을 단순히 질문이나 요구에 '답하는 존재'가 아니라 '답을 찾는 존재'라고 인식하고 핵심질문을 적극적으로 활용해야 할 것이다.

다만, 핵심질문을 활용한 수업은 기존의 수업과 달리 수업이 끝난 이후에도 교실 밖으로까지 탐구가 연장되는 열린 정리로 끝나는 경우가 많다. 이러한 수업의 불확실성이 교사를 불안하게 만들기도 하지만 교사 스스로 핵심질문을 수업의 역동성으로 바라보고 활용하는 태도가 중요하다고 할 수 있다.정혜승 외, 2017

한 가지 방법으로 교실에 핵심질문을 게시하여 학생들이 계속 볼 수 있도록 하는 것도 매우 유용하다. 일부 교사는 단원의 초반에 목표를 명확히 제시하는 것이 학생의 능력을 무력화하고 흥미를 떨어뜨려 학생에게 도움이 되지 않는다고 이의를 제기하곤 한다. 하지만 실제로 단원 시작에 핵심질문을 학생에게 던지고 이러한 질문이 평가의 일부가 될 것이라고 설명하면 많은 학생이 좀 더 몰입하게 된다.정혜승·이원미, 2016

대부분의 교사에게는 학습 활동을 계획하는 것이 익숙한 일이다. 그런데 교사들은 백워드 3단계는 2단계와 마찬가지로 1단계에서 추출한 영속적 이해를 바탕으로 개발해야 한다는 것을 기억해야 한다. 학생들이 핵심질문에 답할 수 있는 학습 활동인지를 염두에 두고, 2단계에서 개발한 수행(평가)과제가 학습 활동에 포함되게 해야 한다. 1, 2단계를 '이해'를 목표로 설계하고도 교과서의 활동과 질문을 그대로 활용한다면 우리가 바라는 목적을 이룰 수 없기 때문이다.

수동적으로 앉아서 듣거나 사실을 암기하게 하는 수업에서 학생들은 '영속적 이해'에 도달할 수 없다. 그리고 수업 활동이 진정한 의미가 있는 본질적 질문을 해결하는 과정이면서 실제 주위 사람들에게 도움을 주는 실제적인 활동이라면 동기는 상승한다. 중요한 것은 결과가 아니라 과정이다. 학생 스스로 완성하기 위해 탐구하고 깊이 사고하고 열심히 활동해야 한다. 여기서 교사의 역할은 학생들이 스스로 학습하도록 지원하면서 학습의 질을 관리하는 것이다. 그 과정에서 학생들이 배운 것을 잘 활용할 수 있도록 배려해야 한다.

2. 학습 활동 어떻게 조직할 것인가?

WHERETO 요소 활용하기

모든 학습 활동이 WHERETO 중 어디에 해당하는지를 고려하면 모든 학습 활동이 학생들에게 의미 있을 것이다. 개발한 학습 활동을 조직하는 틀로 WHERETO를 활용할 수 있다. 이는 교수 계열이 아니라 교수·학습 활동의 질을 판단하기 위한 준거들이다. 단원 학습 활동의 계열을 구성한 뒤 그 속에서 WHERETO 각 요소가 모두 활용되는지 검토해야 한다.

W 목표 제시 및 필요성 안내

단원에서 학생들이 대답해야 할 핵심질문과 구체적인 수행과제, 평가 준거를 잘 파악하도록 제시해야 한다. 학생들이 단원의 목표를 명

	교사의 활동
목표	• 단원 시작 시 기대하는 결과를 직접적으로 진술한다. • 첫날에 단원의 목표, 계획, 일정을 제시한다.
기대치	• 핵심이 되는 수행과제에 필요한 요건들을 제시한다. • 채점기준을 검토한다. 기대되는 결과/수행에 대한 모델/예를 보여 준다.
적절성 유용성	• 단원에 대한 근거를 제시한다. • KWL 차트를 이용하여 그들이 원하는 것과 배우기를 원하는 것을 파악한다.
진단	• 내용지식에 대해 사전 평가 및 오개념을 확인한다. • KWL 차트를 활용하여 이미 무엇을 알고 있는지를 파악한다.

출처: 강현석 외(2015), p. 94

료화시키는 요소들을 개발하는 것을 도와준다.

H 관심 집중 및 동기 유발

호기심을 불러일으키는 질문과 도전적인 문제들을 중심으로 활동을 조직하는 것은 학생들의 지속적인 참여를 불러일으키는 효과적인 방법이다. 교사는 가르치는 내용에 대한 학생의 흥미를 불러일으키고 관심을 유지하기 위해 여러 가지 방법을 활용한다. 이때 단순히 학생의 흥미 유발에만 목적을 두어서는 안 되고, 단원의 핵심 개념과 직접 연결되도록 계획해야 한다.

E1 수행을 위한 지식과 기능 습득

학생들이 수행을 성공적으로 할 수 있도록 준비시키는 것으로 수업의 목적에 따라 다양한 수업 형태, 활동이 가능하다. 수행(평가)과제를 해결하는 데 필요한 지식과 기능 습득 시간이 여기 해당한다. 따라서 성공적인 수행을 위해서 학생들이 알아야 할 것과 할 수 있어야 할 것들을 생각해 보고 학습 활동을 선정해야 한다.

R 학습자 반성 및 재점검

고려 사항	활동 예시
재고하기 어떻게 학생들이 자신의 생각을 다시 살펴보도록 할 것인가?	관점 바꾸기, 반대 역할 하기, 토론하기, 논쟁하기
수정하기 / 정련하기 어떻게 학생들의 수행과 결과물이 향상되도록 도울 것인가?	수정하는 시간 가지기 (동료평가, 연습 시간)
반성하기 어떻게 학생들이 메타인지적으로 사고하도록 도울 것인가?	반성일지와 주기적인 자기 평가하기 생각을 소리 내어 말하기

출처: 강현석 외(2015), p. 104

E2 **과제 발표 및 평가**

백워드 설계 2단계에서 구체화한 평가에 부합하기 위한 것으로 평가와 관련된 활동은 모두 여기 해당한다. 이해를 위한 수업은 메타인지를 강조하기 때문에 꼭 학생의 자기평가를 포함하기를 권장하는데, 이는 R과 관련이 있으며 이해의 여섯 가지 측면(자기 지식 가지기)과도 관련이 있다.

반성하기 R	자기평가하기 방법 E2
학생들이 메타인지적으로 사고하도록 어떻게 도울 것인가?	• 학년을 시작할 때 학생들에게 학습자로서 자신의 강점과 부족한 점을 담은 개인 프로파일을 만들어 보게 한다. • 수업 마지막에 학생들에게 1분 정도 걸리는 짧은 일지를 정기적으로 써 보게 한다. • 자기평가를 위한 길잡이 질문을 활용하여 학생들이 자신의 학습을 반성하고 수행을 스스로 평가해 보게 한다. • 모든 공식 결과물과 수행에 자기평가지를 첨부한다.

출처: 강현석 외(2015), pp. 107-109

T **학생 개인의 필요와 요구 반영**

학생들에게 유의미한 학습이 이루어지려면 교사는 어떤 일을 해야 할까. 우선 교육과정을 해석하고 학교, 학급 수준에서 재구성해야 하지만 그것만으로는 아무것도 이룰 수 없다. 아무리 잘 짜인 교육과정이라도 학생의 특성에 따라 다양한 활동과 과제를 구성하지 않으면 교육적 효과는 없기 때문이다.

그러면 학생들은 언제 수업에 적극적으로 참여할까. 자신들의 흥미와 관심사가 수업에 반영되었을 때 더욱 열심히 참여한다. 따라서 학생들의 호기심을 풀어 주는 학습이야말로 학생을 학습의 주인이 되게 하는 지름길이다. 학생 맞춤형 수업은 질적으로 우수한 교육과정을 바탕으로 교사가 학생의 다양한 학습의 필요에 맞춘다는 것을 의미한다.

맞춤형 수업은 특별한 물리적 공간이 없이 최소한의 비용으로 더 많은 학습자를 대상으로 적용할 수 있다. 사실 교사들은 이미 교실에서 어느 정도 다양화를 적용하고 있으므로, 조금만 용기를 내서 적용해 본다면 맞춤형 수업의 효과를 체감할 수 있을 것이다. 교사는 때에 따라서 준비도, 관심사, 흥미를 고려해서 적절하게 활용할 수 있다.

맞춤형 전략

준비도	관심사 및 흥미	학습 프로파일
다양화된 텍스트와 자료(교구의 이용) 개념중심 수업 미니 수업 학습 메뉴 조절 가능한 과제 필습 면제	즐겨찾기 학습 흥미센터 전문가팀 직소우	학습 선호 모형 다중지능 모형 그림 조직자
복합		
주사위 기법, 학습센터, 선택판, 생각하기-짝과 생각 나누기-발표하기, 생각방 놀이, 학습일지, 학습일기, 독립 프로젝트, 유연한 집단 편성, 질문, 멘토 학습		

▣ 수업 내용 조직 및 계열화

차시의 도입과 정리 부분에서 WHERET 요소를 계열화하는 것을 말하는데, 설계안에 표시하지는 않는다.

단원의 차시 도입부에 포함할 것	단원의 차시 정리부에 포함할 것
• 단원 목표/단원 학습의 가치 안내(W) • 학습을 입증하는 데 필요한 증거 검토(W) • 활용할 채점기준의 사전 검토(W) • 학생의 준비도를 확인하기 위한 사전 평가(W) • 학습의 흥미, 집중력을 불러일으키기 위한 동기 유발(H)	• 학습한 것과 이해한 것을 생각하도록 본 질적 질문 다시 하기(E2, R) • 단원 목표와 평가 결과를 기반으로 수행에 대해 자기평가할 수 있는 기회 주기(E2, R) • 학생에게 후속 학습 목표를 설정할 수 있는 기회 주기(E2) • 후속 단원의 사전 검토(W)

출처: 강현석 외(2015), p. 221

3. 학생 맞춤형 수업 어떻게 적용할 것인가?

맞춤형 수업을 하는 교사는 학생의 학습 준비도, 흥미, 학습 양식을 파악하고 그에 맞추어 수업을 설계하려고 한다. 이들은 일관성 있고 적절한 수준의 도전적 과제로 학생들이 재미있게 학습할 기회를 제공하며 학습자와 학습을 연계하고자 한다. 이를 위해 특정 시기에 특정 학생에게 가장 적합한 맞춤형 전략을 선택하는 것이 중요하다. 맞춤형 수업 전략에는 적은 시간을 요하는 전략과 많은 시간을 요하는 전략이 있다. 처음에는 안심하고 사용할 수 있는 간단한 전략을 선택하여 적용해 보고, 익숙해지면 점차 더 많은 준비가 필요한 전략에 도전해 보기 바란다.

준비도에 따른 맞춤형 수업 전략

학습자의 학업 준비도 및 사전 지식에 따른 수업 설계 전략의 핵심은 각 학습자가 현재 위치에서 스스로 해낼 수 있는 수준보다 약간 높은 수준의 지식, 이해, 기능 등을 적절하게 제공하는 것이다.

다양한 텍스트와 자료 및 교구의 이용은 특히 읽기 수준에 따라 다양화를 시도하기에 적합한 전략으로, 같은 주제에 대한 다양한 수준의 읽기 자료를 제시하고 자신의 읽기 수준에 맞는 자료를 스스로 선택하도록 하는 것이다. 우리 고장 자랑거리를 배울 때 학생들은 자신의 읽기 수준에 따라 그림책, 향토 자료, 교과서, 신문 등 다양한 수준의 학급 문고와 인쇄물을 활용할 수 있다.

개념중심 수업은 맞춤형 수업을 시작하는 좋은 방법이다. 맞춤형 수업은 주로 사실보다는 개념이나 원리들에 초점을 맞춘다. 그 결과 학습자는 개념중심 수업을 통해 학습한 내용을 다양한 주제와 자신의 삶에 연결시킬 수 있게 된다.

미니 수업은 학생의 이해 정도를 평가한 것을 바탕으로 교사가 학생들의 일부에게 다시 가르치거나, 어떤 집단의 학생들을 가르치기 위한 다른 방법을 찾거나, 이해와 기술을 확장시키기 위해 다른 집단과 모임을 하는 것을 말한다. 교사는 수업 중간에 학습자의 이해를 평가하여 어려움을 겪는 학습자를 위한 별도의 교수·학습적 조치를 취해, 모든 학습자가 학습 목표에 도달하는 것을 도울 수 있다.

학습 메뉴 전략은 전략은 식당에서 메뉴판을 고르듯이 학습 활동을 선택하는 것이다. 메뉴판은 주식(반드시 해야 할 것), 부식(선택할 수 있는 것), 후식(주식과 부식을 다 끝낸 다음에 할 수 있는 것)으로 이루어진다.

조절 가능한 과제란 과제의 기준, 개념, 내용의 초점은 동일하지만, 서로 다른 학습자 집단을 위해 과제가 조절되어, 각 학생은 자신에게 적절한 도전 수준에서 필수적인 기능이나 이해를 촉진할 기회를 지니

조절 가능한 과제(자연환경과 인문환경)

A: 공부를 시작할 때 학생이 이미 알고 있는 것은 무엇인가?
B: 다음에 학습해야 할 것은 무엇인가?

B	신문, 도서를 읽고 자연환경과 인문환경이 사람들의 생활 모습에 미치는 영향을 정리해 본다.	○○시 향토책자를 보고 ○○시의 인문환경, 자연환경에 대해 배움공책에 정리해 본다.	1학기 사회 교과서 2학기 사회 교과서 해당 페이지 다시 읽고 배움공책에 정리하기
A	자연환경과 인문환경의 개념을 명확히 이해하고 있다.	자연환경과 인문환경의 개념을 명확히 알지 못한다.	자연환경과 인문환경에 대한 이해가 부족하다.
	저는 잘 이해했어요. (우수 집단)	저는 조금 이해했어요. (보통 집단)	저는 잘 모르겠어요. (초보 집단)

출처: 변영임(2016)

게 되는 전략이다. 학생마다 기본 지식과 경험이 다양하기 때문에 조절할 수 있는 과제가 필요하다.

필습 면제는 새로운 단원을 배우기 전에 교사가 학생들을 평가한 후 이미 원하는 수준에 도달해 있는 학생에게는 해당 학습을 면제해 주고, 아직 그 수준에 못 미치는 학생은 계획을 세워 학습하게 하는 것을 말한다. 렌줄리Renzulli가 속진 학습자의 학습 시간 사용의 최대화를 위해 고안한 것으로 3단계 과정으로 이루어져 있다. 1단계는 교사가 필습 면제 지원자를 확인하고 특정 주제에 대해 그들이 알고 있거나 알고 있지 않은 것을 확인하고 평가한다. 2단계는 교사가 학생이 완전 학습을 하지 못했음을 보여 주는 어떤 기능이나 지식이 있는지 찾아보고, 배울 수 있는 계획을 세운다. 3단계에서 다른 학생들이 일반 수업에 임하는 동안, 필습 면제에 참여하는 학생과 교사는 탐구 활동과 연구 계획을 세운다. 따라서 속진 학습자들은 학교에서 도전적이고 생산적인 학습에 참여한다는 기대로 더 많은 것을 얻는다.

관심사 및 흥미에 따른 맞춤형 수업 전략

학습자는 자신이 배우려고 하는 데 흥미를 느끼고 열정이 생길 때 학습 동기가 상승한다. 하지만 모든 학생이 똑같은 흥미를 지니지는 않음을 알아야 한다.

즐겨찾기 학습은 학생들의 평소 관심사를 수업에 반영하는 전략이다. 주제에 대해 배우고 싶고 알고 싶은 것들을 열거한 후 자신의 흥미와 관심사에 따라 다양한 영역으로 분류하고, 관심과 흥미에 따라 조사를 한 후 자신이 발견한 것을 서로 이야기하는 것이다.

흥미센터란 학생들의 재능, 관심사 영역과 더 넓고 깊게 연계된 교육과정 주제에 관해 교실 내에 설치된 학습센터를 가리킨다. 여기에서 무엇을 학습하고 어떻게 학습할 것인가는 교사와 학생이 함께 설계하지만, 센터의 자료와 과제는 일반적으로 교사가 만드는데, 자료와 과제는 구체적인 지식, 이해, 기술을 익히고 확장하는 것에 초점을 둔다.톰린슨, 2014 특히, 과학센터, 수학센터, 작문센터 등은 좋은 흥미센터이며, 교사는 흥미 그룹들이 학업에 도움이 되는 활동을 할 수 있도록 관리하고 지도해야 한다.

전문가팀은 교실에서 학습 주제에 따라 다양한 세부 팀을 나누어, 학생이 자신이 관심 있는 분야에서 활동할 수 있도록 허용하는 것이다. 교사는 각 전문가팀에게 수업 주제에 초점을 맞추어 활동하도록 과제를 제시하고, 각 팀은 관심 내용을 심층 연구하여 발표함으로써 모든 학생이 똑같은 학습 자료를 읽을 때보다 훨씬 역동적이고 기억에 오래 남는 수업을 할 수 있게 된다.

직소우는 협동학습 전략의 하나로 학생들은 한 주제를 전문적으로 학습하는 동료와 함께 공부하고, 그들이 배운 것을 본래 자기가 속한 모집단으로 돌아가 구성원들에게 가르쳐 주는 것을 가리킨다. 전문가 모둠에서 학생이 자신과 가장 관련이 깊거나 흥미로운 주제 측면에서 학습하는 것이 흥미를 기반으로 한 맞춤형 수업이다.

학습 프로파일에 따른 맞춤형 수업 전략

학습 프로파일은 개별 학생이 학습하는 방법을 확인하고 공유하기 위해 데이터를 모은 것이다. 학생의 최적 상태, 즉 학습자가 가장 잘 배울 수 있는 상태를 찾기 위해 학습자의 흥미를 고려하여 학습자에게 즐거움과 안정감을 줄 수 있는 학습 경험을 제공해야 한다.

리타 던과 켄 던Rita Dunn & Ken Dunn, 1987의 학습 선호 모형은 학습 양식을 청각적, 시각적, 촉각적, 운동감각적으로 분류한다. 청각적 학습자는 말로 하거나 들은 자료를 더 쉽게 받아들이고 청각적 질문에 참여하는 것을 좋아한다. 시각적 학습자는 직접 보거나 읽은 정보로부터 가장 잘 배우는 학습자이다. 촉각/운동감각 학습자는 삶에 유의미하고 삶과 관련된 학습 활동에 신체적으로 참여하여 체험하고 움직이는 것을 좋아한다.

학습 선호 모형

청각적 학습자	시각적 학습자	촉각적 학습자	운동감각 학습자
• 읽기 자료보다는 청각적 질문에 더 몰두함 • 강의와 이야기 노래 듣기, 토의하기	• 삽화와 그림, 도표를 좋아함 • 그래픽 조직자, 색깔 활용	• 구체적인 경험에 몰두함 • 글쓰기, 그림 그리기, 모형 만들기	• 움직이며 공부하고, 신체적인 활동을 통해 가장 잘 배움 • 역할극, 시뮬레이션

출처: 황윤한·조영임(2005), p. 107

가드너Gardner의 다중지능 모형은 학생이 선호하는 학습 양식을 보여 준다. 학생마다 여덟 가지 지능을 모두 갖고 있으나, 그 지능들의 조합 정도가 각기 다르므로 각자 독특한 특성을 지닌다. 교사는 학생의 다중지능상의 장점을 확인하기 위해 지속적으로 관찰하면서 교실에서 자신이 선호하는 방식만을 고집하지 않고 학습자가 효율적으로 받아들일 수 있는 다양한 교수·학습 전략을 활용해야 한다. 다중지능 이론이 교실 수업에 반영되면서 여덟 가지 지능에 따른 학습 양식을 소개하면 아래와 같다.

교실에서 다중지능 활용하기

분류	정의	학습 활동 예시
언어적/ 언어학적 지능	의사소통을 위해 언어를 활용하여 읽고 쓰고 말하기	글쓰기, 보고서 작성하기, 설명하기 인터뷰하기, 지시문을 주고 따르기
논리/ 수학적 지능	논리와 추론을 활용하여 문제 해결하기	선행조직자. 비판적 사고, 그래프와 차트 그래픽 조직자, 수수께끼, 데이터와 통계

시각적/ 공간적 지능	마음의 눈으로 시각화하는 능력	그리기, 창안하기, 색칠하기, 상상하기 모형. 상세하게 묘사하기
음악적/ 리듬적 지능	운율과 리듬으로 의사소통하기	노래 부르기, 랩 하기, 낭송하기 5행시 부르기, 챈트
신체/ 운동감각 지능	신체를 활용하여 학습하고 자신을 표현하는 능력	수행하기, 개발하기, 조작하기, 춤추기와 마임 하기, 조립하기, 만져 보기
대인관계 지능	다른 사람과 함께 일하는 능력	집단활동, 상호 교수, 역할극, 학급 미팅
자기이해 지능	자기반성적 능력	일지와 저널 쓰기, 자서전, 목표 설정 반성적 사고하기, 목표 설정
자연친화적 지능	인지하고 분류하는 능력	생물과 자연현상에 연결하기, 분류하기 탐구하기, 분석하기, 확인하기

출처: 조영남 외(2014), pp. 93-94

그림 조직자는 아이디어나 개념 등을 표현하고 의미를 전달하기 위해 시각적인 기호를 사용하는 시각적 의사 전달 도구이다. 그림 조직자 전략의 장점은 적은 양의 읽기로도 중요한 자료와 핵심 개념을 이해할 수 있고, 자료를 조직하고 계열화하여 순서와 인과관계를 파악할 수 있으며, 결국 논리적으로 사고하는 능력을 향상시킬 수 있다.

복합적인 맞춤형 수업 전략

맞춤형 수업을 위한 전략에는 하나의 요소에 국한되지 않고 다른 여러 요소에 적용할 수 있는 전략들이 있다.

주사위 기법은 어떤 주제를 여섯 가지 관점에서 빠르게 생각하도록 하는 수업 전략이다. 일반적으로 학생들은 어떤 주제에 관해 생각할 때 이미 알고 있는 하나의 관점에만 집착하여 생각하기 쉽다. 따라서 여섯 측면을 빠른 속도(3~5분)로 진행해야 한다. 위계적 수준의 사고를 촉진하는 방법, 다중지능에 의해 다양한 사고를 촉진하는 방법, 또는 준비도에 따라 색깔을 달리하여 두 그룹으로 나누어 보충학습과

주사위 기법(달라지는 생활 모습)

1. 추석 지낸 이야기를 설명해 보아라.	1(기억)
2. 벤다이어그램을 활용하여 옛날과 오늘날 추석의 사람들의 생활 모습을 비교하라.	2(이해)
3. 옛날과 오늘날의 추석의 달라진 사람들의 모습이 어떤 점에서 달라졌는지 예를 들어라.	3(적용)
4. 옛날과 오늘날 추석의 모습을 비교해 보고 달라진 원인을 정리해 보아라.	4(분석)
5. 추석 음식을 여자들이 장만하는 것에 대해 자신의 생각을 밝혀라.	5(평가)
6. 미래의 추석의 모습을 예측해 보아라.	6(창안)

1. 우리나라 명절의 종류와 명절의 의미를 알 수 있는 도표를 만들어라.	1(기억)
2. 벤다이어그램을 활용하여 옛날과 오늘날 명절의 사람들의 생활 모습을 비교하라.	2(이해)
3. 과거과 달라진 현재의 명절 모습을 활용하여 미래의 명절 모습을 예측하여 제시해 보아라.	3(적용)
4. 옛날과 오늘날 명절의 모습을 비교해 보고 달라진 원인을 정리해 보아라.	4(분석)
5. 명절 증후군에 대한 기사를 읽고 자신의 관점에서 정리해 보아라.	5(평가)
6. 명절의 전통을 이어 가기 위한 자신의 아이디어를 설명하라.	6(창안)

* 내용: 옛날과 오늘날의 명절
* 선행 지식에 따라 주사위를 선택(빨강-하/초록-상)하고 자신에게 적합한 과제를 선정하여 해결한다.

출처: 변영임(2016)

심화 학습자들을 위해 주사위를 달리하여 사용하는 방법 등이 있다.

학습센터는 지식, 기술, 이해를 가르치고, 이들을 연습하고 확장할 수 있도록 고안된 활동과 자료를 의도적으로 모아 둔 곳이다. 교사는 다양한 수준의 준비도와 학습 양식에 맞추어 학습자들이 공부할 수 있도록 다양한 종류와 수준의 자료들을 준비해야 한다. 학습센터는 수학센터, 과학센터 등 교과목 중심으로 만들 수도 있고, 혹은 다양한 주제, 개념 또는 기능과 관련하여 다양한 과제를 동시에 수행할 수 있는 공간으로 만들 수도 있다.

선택판은 학습 준비도와 흥미가 다른 학생을 다루는 데 매우 적합한 것으로, 선택의 가능성을 시각적으로 제시하는 가장 간단한 방법이다. 학습자에게 선택의 기회를 제공하여, 자신의 흥미와 관심사, 학습 양식, 또는 학습 능력에 알맞은 것을 선택하게 한다. 이는 학습

선택판(다양한 삶의 모습들)

언어 지능	논리수학 지능	신체운동 지능
1. 보고서를 준비한다. 2. 자신의 말로 다시 말한다.	1. 비판적으로 평가한다. 2. 홍보를 위한 게임을 설계한다.	1. 역할극으로 표현한다. 2. 무언극을 개발한다.
시공간 지능	자유 선택	음악 지능
1. 만화를 제작한다. 2. 그림을 그린다.		1. 시를 쓴다. 2. 랩이나 노래를 만든다.
대인관계 지능	자기이해 지능	자연탐구 지능
1. 동료나 집단과 함께 활동한다. 2. 조사와 대화를 통해 해답을 찾는다.	1. 일지를 쓴다. 2. 자신의 느낌과 생각을 써 본다.	1. 자연과 어떤 관계가 있는지 살펴본다. 2. 자연을 어떻게 활용했는지 찾아본다.

*내용: 계승해야 할 전통문화(정신과 가치도 포함됨)   출처: 변영임(2016)

자의 만족감을 높이고 주어진 상황을 자신이 통제할 수 있도록 해 준다.

생각하기-짝과 생각 나누기-발표하기Think-Pair-Share는 적절한 사고 또는 반성적 사고의 시간을 확보함과 동시에, 학생에게 토론에 참여할 기회를 제공하기 위한 학습 전략이다. 연구 결과에 따르면 학생에게 사고를 위한 대기 시간을 제공할 때 더 나은 파지와 성취가 이루어진다.

생각방 놀이Think-Tac-Toe는 대개 9개의 상자(3줄×3칸) 또는 16개의 상자(4줄×4칸)의 문제에 학습 과제를 제시하여 게임처럼 풀어 가는 것을 말한다. 두 사람(혹은 두 팀)이 시합한다면, 한 사람은 0를 다른 사람은 ×를 취해 빙고처럼 게임을 한다

학습일지는 학습자들의 수업에 대한 논평이라고 할 수 있으며, 수업에 관련된 것을 형식에 얽매이지 않고 자유롭게 모두 기록하는 것이다. 학습일지는 학습 내용과 과정, 학습자의 느낌을 통합시킬 수 있는

좋은 도구이다. 학습일지에는 수업 시간에 미처 해결하지 못한 질문, 가정 학습 과제, 그 외의 내용이 있을 수도 있다.

학습일기는 학교에서 학습한 내용에 대해 수업일기를 쓰는 것으로 학습자의 개인적 생각과 학습 내용의 통합이 이루어지는 학습 전략이다. 학습일지보다는 범위가 넓다. 학습일지와 학습일기는 학습자의 학력 향상뿐만 아니라 메타인지 활동에도 매우 긍정적인 효과가 있다. 또한 학습자의 자유로운 아이디어 표현 공간이기도 하고, 학습자의 학습 능력을 관찰하는 중요한 자료가 된다.

독립 프로젝트란 학습자가 흥미와 관심이 있는 문제와 주제를 학습자와 교사가 함께 발견하고 조사 방법을 계획하여 학습자가 학습의 결과로 제출할 결과물의 형태까지 결정하는 하나의 과정이다. 프로젝트는 과정과 결과, 많은 개념과 사실, 기능을 통합하여 다양한 수준의 준비도와 흥미 또는 학습 프로파일에 따라 더욱 많은 학습자에게 깊이 이해할 기회를 제공할 수 있다. 독립 프로젝트는 학습자의 흥미를 바탕으로 수립되어야 하며, 학습자의 준비도에 따라 최대한의 자유를 제공할 수 있어야 한다.

유연한 집단 편성은 교교사에 의해 이루어질 수도 있고, 학생의 선택에 따라 이루어질 수도 있다. 집단 활동 과제의 성격에 따라 의도적으로 또는 무작위로 편성될 수 있다. 유연한 집단 편성은 협동적인 학습과 독립적인 학습을 모두 허용하고, 완전 학습을 위해 더 많은 시간이 필요한 학생에게 추가적인 탐구의 필요를 충족시킨다는 점에서 유용하다.

질문은 교사와 학생이 기존의 경험과 지식을 끌어내어 지식을 활용하고 심화시켜 새로운 아이디어 개발에 참여할 수 있게 해 주기 때문에 교수·학습 과정에서 매우 중요한 부분이다. 특히 맞춤형 수업을 하는 교사는 수업 중 토론이나 시험에서 학습자의 준비도, 흥미, 학습 양식에 따라 질문의 종류를 다양화해야 한다.

멘토 학습은 영향력 있는 사람으로부터 어떤 분야의 전 영역에 걸쳐 상담, 개인적인 지도 등을 개별적으로 받는 것을 의미한다. 멘토는 학생보다 능력이 우수한 상급 학생부터 학교의 교사, 미디어 전문가, 학부모 봉사자, 지역사회 인사 등 학생의 성장을 안내해 줄 수 있는 사람이면 누구나 가능하다.

최근 학교 교육에 활발히 적용되고 있는 AI 기반 에듀테크는 학습자 데이터를 토대로 학교 교육에서의 '맞춤형 학습' 지원 가능성을 높이고 있다. 따라서 학습자 데이터를 수집, 분석하여 맞춤형 처방을 제공하거나 과제를 추천하고, 특정 과제를 수행하는 동안 피드백과 힌트를 제공하는 AI와 에듀테크는 교실 수업에서 교사의 부담을 줄이며 맞춤형 학습을 구현하는 데 중요한 역할을 할 수 있다.Bernacki, Greene, & Lobczowski, 2021 2022 개정 교육과정도 디지털 대전환이라는 시대적 상황과 개정 중점 사항을 반영하여 디지털 도구와 온·오프라인을 연계한 평가 또한 강조하고 있다. 이에 전통적인 종이와 교사의 눈에만 의존한 평가가 아닌 에듀테크를 활용한 평가를 교수·학습 장면에서 활용할 수 있다.

3단계 템플릿 완성

차시	학습 활동 (★은 평가 활동/♣은 맞춤형 전략)	WHERETO
1~2	• 단원에 대한 학생들의 준비도를 파악하고, 학습의 전 과정에서 자기 지식 점검에 활용하도록 한다.♣ 패들렛을 활용하여 KWL 차트를 작성한다.★ • 학생들이 경험한 교통수단과 통신수단에 대해 공유하면서 교통 및 통신수단의 다양성을 이해하도록 한다. • 핵심질문을 소개하고 학생들의 흥미를 유도한다. • 수행(평가)과제 및 루브릭을 안내한다.	W H
3~4	핵심질문 교통수단(통신수단)은 어떻게 변하여 왔나요? • 자료 수집 방법(온라인, 오프라인)에 대해 안내한다. -도서관의 자료, 컴퓨터실의 인터넷 검색 • 교통수단과 통신수단의 정의와 역사적 발전 과정을 조사한다. -마차, 수레에서 배, 기차, 비행기 등으로의 발달 과정 -서신, 전보, 전화, 삐삐에서 인터넷과 스마트폰, SNS 등으로의 발달 과정	E1
5~6	핵심질문 교통수단(통신수단)은 어떻게 변하여 왔나요? • 교통수단과 통신수단의 발달 과정을 카드로 제작한다. • 옛날과 오늘날 시대별로 분류해 보고 순서대로 나열해 본다. -한줄서기 게임★ -교통수단의 종류, 통신수단의 종류에 대한 골든벨 퀴즈★	H E2
7~8	• 옛날과 오늘날의 교통수단과 통신수단의 비교를 통해 특징을 찾아내어 보고서 작성하기(모둠학습) -옛날 교통수단과 통신수단의 특징: 좋은 점, 불편한 점 등 -오늘날의 교통수단과 통신수단의 특징: 편리한 점, 문제점 등 • 교통수단의 이동 속도, 비용, 접근성 등을 살펴보기 • 통신수단의 속도, 비용, 접근성 등을 살펴보기	E1
9	• 자료 수집 방법(온라인, 오프라인)에 대해 안내한다. -친구들에게 직접 인터뷰하면서 방법 익히기 • 부모, 조부모 세대에 사용했던 교통수단, 통신수단 중 궁금한 것을 선정하여 그 당시 사람들의 생활에 대해 질문 만들기 • 과제 안내: 부모님 혹은 조부모님과 인터뷰하기	E1 H T
10	핵심질문 교통수단(통신수단) 발달은 사람들의 생활 모습에 어떤 영향을 주나요? • 인터뷰 결과를 공유하면서 현재 자신의 삶과 비교해 본다. -새로 알게 된 점, 더 궁금한 점 등을 작성해 본다. • 조사하고 싶은 분야를 정하여 전문가학습(직소)을 한다.♣ 하늘에서의 교통수단(항공), 땅에서의 교통수단(도로) 땅에서의 교통수단(철로), 물에서의 교통수단(해상), 통신수단	E1 E2 T

11~13	• 현대의 교통수단과 통신수단의 발달로 인한 사람들의 생활 모습에 대해 토의하기(긍정적인 측면과 부정적인 측면 모두 고려하기) • 통신수단의 발달로 사람들의 정보 교류와 의사소통 방식이 어떻게 변화했는지 탐구한다(SNS의 사용, 즉각적인 가시성의 이점과 단점 존재 등). • 교통의 변화에 따른 이동과 생활 모습이 어떻게 변화했는지 탐구한다(개인 이동의 자유가 확대되었지만, 환경문제, 도시화 등의 문제 발생). • 학급 안에서 자신이 선정한 주제에 대해 친구들에게 설명하고 서로 피드백한다.	E1 H
13~14	핵심질문 교통수단(통신수단)이 고장의 환경과 사람들의 하는 일에 따라 달라지는 이유는 무엇인가요? • 옛날과 오늘날의 교통수단을 목적에 따라, 환경(지역)에 따라 분류해 보고, 지역의 환경과 교통수단의 쓰임과 관련지어 설명해 본다. -(OX 퀴즈) 환경에 따른 교통수단과 하는 일에 따른 통신수단의 종류★ -(서술형 평가) 환경이 교통수단의 발달에 주는 영향 서술하기★	E1 E2 R
10~11	• 교통수단과 통신수단의 발달 과정에 대한 분석과 달라진 사람들의 생활 모습을 다시 살펴본다. • 모둠별 토의를 통해 현대의 교통수단과 통신수단의 긍정적 측면과 부정적 측면을 생각해 보고, 미래의 교통수단과 통신수단을 상상해 본다.♣ -SF 영화, 미래에 대한 짧은 영상, 책 읽은 소감 나누기 • 그림책『옛날에는 돼지들이 아주 똑똑했어요』읽어 주고 이야기 나누기 • 교통과 통신수단의 발달이 미래에 미칠 영향을 토의한다.♣ • 교통수단과 통신수단의 발달에 관심을 가지고 비판적 관점을 가지는 것이 왜 중요한지 토의한다.	E1 T H R
12~13	• 수행(평가)과제를 해결한다(박람회 준비)★ • 모둠이 원하는 결과물의 형태를 선정하고 준비한다. • 결과물을 완성하고 발표 연습을 한다.	E1/E2 R/T
14	• 박람회에 출품하기 -학생들의 결과물 모두 복도에 전시하고 돌아가며 설명한다. -교사 역시 루브릭에 의해 학생 평가를 한다. • 새로 알게 된 내용, 더 공부하고 싶은 점 등을 작성한다.♣	E1/E2 R/T

W	H	E1	R	E2	T	O
Where Why What	Hook Hold	Explore Enable Equip	Reflect Rethink Revise	Evaluate Exhibit	Tailored	Organize Sequence
목표 제시 및 필요성 안내	관심 집중 및 동기 유발	수행을 위한 지식 및 기능 습득	학습자 반성 및 재점검	과제 발표 및 평가	학생 개인의 필요와 요구 반영	수업 내용 조직 및 계열화

백워드 설계 3단계 Q&A

학생이 수행(평가)과제를 해결하는 수업과 일반적인 수업 활동은 어떻게 다른가요?

활동과 수행의 가장 큰 차이는 학생이 동원하는 사고의 종류와 습득한 지식의 성격에 있습니다. 학습은 즐거워야 하지만 단순하게 재미있는 것과 지적으로 흥미를 불러일으키는 것은 다릅니다. 이해를 위한 수업에서는 학생이 활동을 왜 해야 하는지를 알고 그 활동이 가치 있고 해야 할 이유가 타당하다고 받아들일 때 학습 동기가 증진된다고 봅니다.

학생이 수행(평가)과제를 해결하는 수업인지 활동 중심의 수업인지 확인하는 방법 가운데 하나는 학생이 무엇을 배웠는지, 왜 그것을 배우는 것이 중요하다고 생각하는지를 물어보는 것입니다. 또한 학생이 이전 학년에서 배운 것, 또는 다른 교과에서 배운 내용과 관련짓고 연결할 수 있는지를 보는 것도 한 방법입니다. 활동 중심의 수업이 잘못되었다는 것이 아니라 그 활동을 통해서 학생이 무엇을 배웠는지 확인하는 것이 중요함을 의미합니다. 가끔 우리는 사소한 지식을 재미있게 가르치고 그것을 평가하기 때문입니다. 수행(평가)과제는 학생이 '중요한' 지식과 기능을 습득하고 활용할 수 있도록 하고 그 과정에서 지적 흥미를 유발하게 됩니다.

이해를 위한 수업과 기존 수업의 차이점은 무엇인가요?[5]

기존의 사회과 수업은 교육과정과 무관하게 차시별 교과서 진도 나가기식 수업이나 손만 바쁜 활동 위주의 수업으로 흐르는 경우가 많았습니다. 하지만 이해를 위한 수업에서는 학생들이 반드시 알아야 할 가치 있는 지식을 중심으로 평가를 계획하고 그 계획에 따라 수업을 진행하기 때문에 자연스럽게 교육과정과 평가, 수업의 일관성을 확보하게 되어 기존의 사회과 수업의 많은 문제가 개선되는 것을 느낄 수 있었습니다.

비교해서 설명하자면, 기존 사회과 수업에서는 차시별 학습 목표를 중심으로 수업을 전개하게 되는 데 반해, 이해를 위한 수업에서는 차시별 학습 목표가 아닌 일반화된 지식과 수행평가과제를 중심으로 수업이 이루어지기 때문에 지식 전달 암기 위주의 수업에서 벗어날 수 있게 되었습니다.

이해를 위한 수업을 통해 학생에게는 어떤 변화가 있었나요?

이해를 위한 수업을 통해 학생들이 자기 도적으로 학습에 참여하게 됨으로써, 교과에 대한 흥미도가 상승하는 것을 관찰할 수 있었습니다. 한 예로 3학년 전체 대상으로 외부 강사에게 향토사 교육을 받은 적이 있었는데, 다른 반과 비교했을 때 참여도와 집중도가 눈에 띄게 좋았으며, 수업 후에도 사회과 수업과 연계하여 생각하는 모습을 확인할 수 있었습니다. 또한 학부모 상담 시 학생들이 학교에서 배운 사회 교과의 지식과 기능을 집에서도 적용하고 활용한다는 것을 전해 듣게 되었습니다. 인터넷 항공지도를 활

5. 한국교총 원격교육연수원(www.education.or.kr)의 '2015 개정 교육과정 수업설계' 연수
과정 중 변영임 교사의 인터뷰 내용 중 일부를 수록함.

용하여 가족의 여행계획을 세우고, 주말 나들이 장소를 학교에서 배운 대표적인 시설로 정하고 직접 자료 조사를 하는 경우를 예로 들 수 있습니다. 지식 전달과 암기식으로 이루어지는 기존의 수업에서는 볼 수 없는 학생들의 모습이라고 생각합니다.

아래의 세 가지 질문은 단원의 수업이 모두 마무리되었을 때 학생들에게 활용해 보면 매우 유용합니다.[6]

1. 이 단원에서 무엇을 배웠나요?
2. 이 단원을 배우고 나서 무엇을 할 수 있게 되었나요?
3. 이 단원을 배우는 것이 왜 중요하다고 생각하나요?

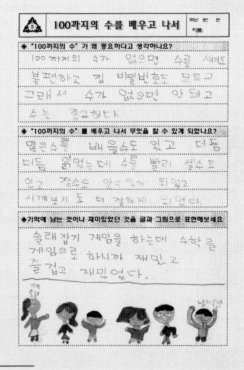

6. 2017 경기도교육청 교육과정 문해력 이해 자료에 실린 변영임 교사의 수업 사례의 일부임.

3부

아이들이 들려주는 학교 이야기

1장
저학년 통합교과 이해를 위한 수업 어떻게 설계할까?

1. 2022 개정 통합교과 교육과정은 어떠한가?

2022 개정 교육과정이 도입되었다. 1-2학년의 교육과정에 많은 변화가 생겼다. 창의적 체험활동에 포함되어 있던 입학 초기 적응 활동 시간은 대폭 축소되고, 안전한 생활 시간은 통합교과로 편입되었다. 편제의 변화만이 아니라 영역, 내용 체계표도 새롭게 바뀌었다. 입학 초기 적응 활동 시간이 축소되면서 통합교과에 신체활동을 위한 시간이 대폭 증가했다. 이러한 국가 교육과정의 변화는 통합교과서에도 많은 변화를 가져왔다. 우선은 교과서 수가 학기별 2권에서 4권으로 늘어났으며, 하나의 교과서가 하나의 단원이 되었다. 교과서에 다양한 활동들이 제시되어 그 활동 중 중요한 내용을 중심으로 취사선택할 수 있게 되었다. 또한 학생들과 함께 주제를 만들 수 있는 틈을 주어 교사와 학생이 주도성을 발휘하여 단원을 구성할 수 있는 자율성도 주어졌다. 여전히 교과서의 활동들을 모두 소화하느라 피로를 호소하는 교사도 있지만, 교사와 학생이 함께 만들어 가는 생성형 교육과정을 펼치기에 매우 융통성 있는 구조가 마련된 듯하다.

2022 개정 교육과정이 적용되는 첫해, 우리 학생들이 학교에 입학

한다. 그동안 입학 초기 적응 활동과 통합교과 '학교' 단원의 중복된 활동들로 인해 처음 1학년을 맡은 교사들이 3월과 4월에 교육과정 운영에 어려움이 많이 있었다. 중복된 내용을 정리하고 시수들을 재편성하면서 이러한 문제들은 해소된 듯하다. 여전히 입학 초기 적응 활동에 어떤 내용을 담아 학생들의 학교생활 적응을 도와야 하는지 혼란스러워하는 부분도 있지만 말이다.

2015 개정 교육과정이 적용되던 시기에는 보통 3월 말 정도까지는 입학 초기 적응을 위한 활동을 하였다. 입학식 다음 날부터 자기 교실과 자기 자리를 확인한 후 화장실과 정수기 사용, 학교 급식 같은 것들을 우선 가르친다. 그 이후에는 학교의 다양한 공간을 살펴보고 학교에서 지켜야 할 규칙들을 익히고, 수업에 참여하고 친구와 함께 어울려 지내는 방법을 배우기 시작한다. 그 와중에 틈틈이 한글을 배우고 3월 말부터는 교과 교육과정을 본격적으로 경험했다.

2022 개정 교육과정이 적용되는 올해부터는 입학 초기 적응 활동과 한글 교육이 함께 시작되고, 통합교과의 '학교' 단원과 수학을 3월 중순부터 배우기 시작한다. 이전보다 조금 빨리 교과 교육과정이 적용되다 보니 1학년 담임 입장에서는 마음이 급하다. 교실이라는 공간에서 충분히 적응하고 여유로운 마음을 누리기 전부터 무언가를 배우도록 강요한다는 생각이 든다. 좀 더 세심하게 학기 초 계획을 해야 한다. 학생들의 심리적인 상태도 고려하고 교과 교육과정도 더 자세히 보아야 한다. '학교' 단원이 낯설지는 않지만 시수와 운영하는 시기, 내용이 달라졌기에 교육과정을 어떻게 운영할지 학년 선생님들과 협의 시간이 더 많이 필요하다.

2. '학교 탐방 프로젝트'를 어떻게 실행하게 되었는가?

우리 학교는 3월 초에 6학년 학생들이 1학년에게 학교를 구경시켜 주는 전통이 있다. 입학 초기 적응 활동 시간에 두 줄로 세워 쭉 돌아 다니며 학교의 공간들을 구경하기는 한다. 하지만 단체로 다니는 데다 가 학생의 안전에 더 많은 신경을 쓰고, 학생들은 졸졸 따라다니기만 해서 충분하게 탐방이 이루어지지는 못한다. 학교에 다양한 공간과 사 람들이 있다는 사실에 대해 감이라도 익히기를 바라는 마음으로 했 던 활동이다.

그러한 활동 후에 6학년과의 학교 탐방 기회는 학생들에게 많은 도 움이 된다. 우리 반과 함께 다닐 6학년 학생들은 학교 소개 자료도 준 비했다. 손수 만든 학교 지도를 보여 주면서 동생들을 이끄는 6학년과 열심히 설명을 들으며 손을 꼭 잡고 다니는 우리 1학년 학생들이 참 으로 사랑스럽다. 한 시간 동안 학교 공간을 탐방하며 설명해 주고 운 동장 놀이터에서 함께 놀아 주기도 한다. 이 활동이 끝나면 교실로 돌 아와 소감을 나누는 자리가 있다. 이때 "1학년 동생들이 말도 잘 듣고 설명도 귀 기울여 들어서 귀여웠어요. 앞으로도 만나면 반갑게 인사 하고 챙겨 주겠습니다"라고 이야기해 준 6학년, 그런 6학년이 고맙다 는 우리 1학년 학생들의 소감을 들었다. 우리 학생들에게도 6학년이 되면 그렇게 선배 역할을 해야 한다고 말해 주었다.

조금씩 학교에 적응하는 3월 중순, 선생님과 돌아다녀 보고 6학년 과도 구경하기는 했지만 학교를 더 자세히 탐색하고 싶어 하는 학생들 의 의견을 받아들여 학교 탐방 프로젝트를 진행하기로 했다. 교장실과 교무실은 직접 들어가서 선생님들께 인사도 드리고 한 바퀴 돌아보기 도 했다. 과학실에서는 5학년이 수업하는 모습을 구경했다. 그럴수록 학생들이 공간에 대해 더 자세히 알고 싶어 해서, 학생 주도로 직접 탐방하기로 했다. 물론 이 프로젝트는 1학년을 담임할 때마다 진행한다. 교사의 의도를 눈치채지 못하게 학생들의 호기심을 불러일으키고, 마치 학생들이 주도적으로 학교 탐방 아이디어를 제시한 것처럼 보이도록 유도한다. 학교라는 공간은 여러 사람이 함께 모여 생활하는 공공장소이며 서로를 배려하며 어울려 살아간다는 것을 이해하게 하고 싶었다. 이 단원에서는 '공동체'를 개념적 렌즈로 하여 학교 공동체 구성원으로서 첫출발을 하는 1학년 학생들이 주도하는 프로젝트가 어떻게 준비되고 진행되었는지 소개하고자 한다.

3. '학교 탐방 프로젝트'는 어떻게 설계하는가?

1학년은 3월 중순부터 통합교과 교육과정을 시작한다. 통합교과 교육과정은 '우리는 누구로 살아갈까', '우리는 어디서 살아갈까', '우리는 지금 어떻게 살아갈까', '우리는 무엇을 하며 살아갈까'의 네 영역이 있다. 앞의 두 영역은 1학기에, 뒤의 두 영역은 2학기에 배우게 된다. 1학년 1학기에는 '학교', '사람들', '우리나라', '탐험', 2학기에는 '하루', '이야기', '약속', '상상' 교과서를 활용한다. 이 책에서 소개하는 '학교'는 첫 번째 단원이다.

교육과정과 관련하여 이 단원은 '우리는 누구로 살아갈까' 영역에 있으며, 핵심 아이디어는 '우리는 내가 누구인지 생각하며 생활한다'로 제시되어 있다. '학교 탐방 프로젝트'는 이 단원에서 안전이나 학습 습관 형성과 관련된 내용은 제외하고 주제 탐구와 놀이 시간을 중심으로 지식·이해, 과정·기능, 가치·태도, 전이 목표를 도출했다. 이 단원은 전이 목표를 '학교 공동체에는 다양한 사람들이 함께 생활한다는 것을 알고 타인과 어울려 살아간다'로, '공동체'를 개념적 렌즈로 한다. 지도서에는 이 단원의 조망도가 다음과 같이 제시되어 있으나, '학교 탐방 프로젝트'에서는 횡적으로는 국어와 수학을 연계하지 않고 종적으로 유치원 누리과정과 2학년 통합교과와 연계했다.

조망도

	2학년 [2바01-02] 나를 이해하고 존중하며 생활한다. [2슬01-02] 나를 탐색하여 나에 대해 설명한다. [2즐01-02] 놀이하며 내 몸의 움직임이나 감각을 느낀다.	
	통합:공동체	
[2국01-03] 상대의 말을 집중하여 듣고 말차례를 지키며 대화한다.	1학년: 어서 와! 초등학교는 처음이지?: 학교 탐방 프로젝트	[2수04-01] 여러 가지 사물을 정해진 기준 또는 자신이 정한 기준으로 분류하여 개수를 세어 보고 기준에 따른 결과를 말할 수 있다.
2009 개정 누리과정 ■ 신체운동·건강: 신체활동 즐기기/건강하게 생활하기/안전하게 생활하기 ■ 의사소통: 듣기와 말하기/책과 이야기 즐기기 ■ 사회관계: 더불어 생활하기/사회에 관심 가지기 ■ 예술 경험: 창의적으로 표현하기/예술 감상하기 ■ 자연 탐구: 생활 속에서 탐구하기/자연과 더불어 살기		

설계안

학교 탐방 프로젝트(1학년 1학기)

학교 이야기	학교 탐방 프로젝트(바른생활, 슬기로운 생활, 즐거운 생활)		
	1단계 기대하는 학습 결과	2단계 이해의 다양한 증거	3단계 학습 계획

[1단계] 기대하는 학습 결과		
관련 성취기준[1]	전이(Transfer-T)	
[2바01-01재] 학교생활 습관을 형성하여 안전하고 건강하게 생활한다.[1] [2슬01-01] 학교 안팎의 모습과 생활을 탐색하며 안전한 학교생활을 한다. [2즐01-01] 즐겁게 놀이하며, 건강하고 안전하게 생활한다.	• 학교 공동체에는 다양한 사람들이 함께 생활한다는 것을 알고 타인과 어울려 살아간다.	

	의미(Meaning-M)	
	영속적 이해	핵심질문
	포괄적 수준	포괄적 수준
	개념적 렌즈(공동체) • 우리는 공동체의 일원으로 서로에게 영향을 주고받으며 살아간다.[2]	• 우리는 공동체에서 어떻게 생활하는가?
	단원 수준	단원 수준
	• 학교는 다양한 사람들이 함께 생활하는 곳이다.	• 학교는 우리에게 어떤 곳인가? • 어떻게 하면 친구와 잘 지낼 수 있을까? • 학교에는 어떤 사람들이 있을까?

습득(Acquisition-A)			
지식·이해		과정·기능	가치·태도
개념적 지식	사실적 지식	• 학교 모습 조사하기 • 규칙을 지키며 즐겁게 놀이하기 • 건강하고 안전하게 놀이하기	• 안전하고 건강한 생활 • 자기 존중 • 배려 • 더불어 사는 삶 • 어울림
• 공동체	• 학교 모습 • 학교생활 습관 • 놀이 • 안전		

---

1. 교육과정 문서의 성취기준은 '[2바01-01] 학교생활 습관과 학습 습관을 형성하여 안전하고 건강하게 생활한다'로 제시되어 있으나 이 단원에서 학습 습관에 대한 부분은 다루지 않으므로 재구조화하여 제시하였다.
2. 교육과정 문서에는 핵심 아이디어가 '우리는 내가 누구인지 생각하며 생활한다'로 제시되어 있으나 이 단원의 개념적 렌즈를 '공동체'로 설정하였기에 맥락에 맞게 변형하였다.

학교 이야기	학교 탐방 프로젝트(바른생활, 슬기로운 생활, 즐거운 생활)		
	1단계 기대하는 학습 결과	2단계 이해의 다양한 증거	3단계 학습 계획

[2단계] 이해의 다양한 증거
어서 와! 초등학교는 처음이지?
수행평가과제 요소(GRASPS)

목표(G)	학교 탐방대가 되어 학교의 여러 공간과 사람들을 조사하고 소개한다.
역할(R)	○○초등학교 학교 탐방대
청중(A)	1학년 친구들과 부모님
상황(S)	○○초등학교에 입학한 우리 반 친구들이 학교를 한번 둘러보기는 했지만, 학교 안의 여러 시설들을 자세히 탐구하지 못했습니다. 우리 반 친구들은 교장실과 과학실, 도서관 등의 장소들을 자세히 들여다보고 어떻게 생겼는지 어떤 물건이 있는지, 그곳을 누가 사용하는지, 누가 있는지 등 궁금한 것이 많이 있습니다. 우리 학교 탐방대는 학교의 다양한 장소에 대해 궁금해하는 친구들을 위해서 각 장소를 탐방하고 소개해야 합니다.
결과물(P)	학교 탐방 보고서(탐방한 곳의 모습을 설명하는 그림이나 글, 인터뷰 내용 등 소개)
준거(S)	학교의 다양한 장소를 탐방하고 다양한 모습으로 표현하기 1. 탐방한 장소 모습과 그곳에 계시는 선생님 소개 2. 탐방한 장소의 역할 3. 책임감을 갖고 협력하기

설명 하기	○	해석 하기		적용 하기		관점 가지기		공감 하기		자기 지식 가지기	

수행(평가)과제 외의 평가

• 퀴즈:
  학교 안의 여러 장소의 이름과 역할 알기

• 관찰:
  친구들과 규칙을 지켜 놀이하기

◆ 자기평가

• 수행과제 결과물에 대한 중간 점검하기
• 학급에서 함께 정한 규칙을 잘 지키고 있는지 점검하기
• 학교 탐방을 한 후 알게 된 점 확인하기
• 학교를 위해 할 수 있는 일 찾아 실천하기

○○초등학교에 입학한 우리 반 친구들이 학교를 한번 둘러보기는 했지만, 학교 안의 여러 시설들을 자세히 탐구하지 못했습니다. 우리 반 친구들은 교장실과 과학실, 도서관 등의 장소들을 자세히 들여다보고 어떻게 생겼는지 어떤 물건이 있는지, 그곳을 누가 사용하는지, 누가 있는지 등 궁금한 것이 많이 있습니다. 우리 학교 탐방대는 학교의 다양한 장소에 대해 궁금해하는 친구들을 위해서 각 장소를 탐방하고 소개해야 합니다. 여러분이 탐방한 장소가 어떤 곳인지, 그곳에 계시는 선생님은 어떤 분인지, 어떤 일을 하시는지, 그 장소의 역할은 무엇인지 조사합니다. 그리고 글과 그림으로 내용을 정리하여 친구들에게 소개할 예정입니다. 소개가 끝난 후 탐방 보고서는 교실 게시판에 전시할 예정입니다. 탐방 보고서를 마무리한 후 우리는 학교 공동체 구성원으로서 학교를 위해 우리가 할 수 있는 일이 무엇인지 함께 생각해 보고 학교를 위해 할 일을 함께 정하여 실천까지 할 예정입니다. 여러분이 모둠의 친구들과 함께 수행과제를 해결하는 과정에서 서로 협력하여 참여하기를 기대합니다.

루브릭

평가요소\단계	매우 잘함	잘함	보통	노력 요함
문제 인식	학교 탐방 프로젝트에서 하고자 하는 것이 무엇인지 정확하게 파악할 수 있다.	학교 탐방 프로젝트에서 하고자 하는 것이 무엇인지 파악할 수 있다.	학교 탐방 프로젝트에서 하고자 하는 것이 무엇인지 도움을 받아 파악할 수 있다.	학교 탐방 프로젝트에서 하고자 하는 것이 무엇인지 파악하지 못한다.
자료 수집 및 정리	탐방한 공간의 모습과 그곳에 있는 사람들, 그 장소의 역할을 조사하여 스스로 정리할 수 있다.	탐방한 공간의 모습과 그곳에 있는 사람들, 그 장소의 역할을 조사하여 정리할 수 있다.	학교 공간을 탐방하면서 수집한 자료를 도움을 받아 정리할 수 있다.	학교 공간을 탐방하면서 도움을 받아 자료를 수집할 수 있으나 수집한 자료를 정리하지 못한다.
다양한 방법으로 표현	탐방한 학교의 공간들을 특징이 드러나게 글과 그림 등으로 다양하게 표현할 수 있다.	탐방한 학교 공간의 특징이 드러나게 글이나 그림으로 표현할 수 있다.	학교 공간의 특징이 드러나게 도움을 받아 글이나 그림으로 표현할 수 있다.	학교 공간의 특징이 드러나게 표현하지 못한다.
책임감을 갖고 협력	모둠의 친구들과 긍정적인 관계를 형성하여 협력하고 책임감을 갖고 리더십을 발휘한다.	모둠의 친구들과 긍정적인 관계를 형성하여 다른 친구들과 협력하여 책임을 다하여 수행한다.	모둠 친구들과 긍정적인 관계를 형성하나 책임을 소극적으로 수행하여 학습한다.	모둠 친구들과 긍정적인 관계를 형성하나 다른 친구들과 함께 학습하는 것을 주저한다.

교사 학생 ☐에 스스로 체크(∨)하세요.

학교 이야기	학교 탐방 프로젝트(바른생활, 슬기로운 생활, 즐거운 생활)		
	1단계 기대하는 학습 결과	2단계 이해의 다양한 증거	3단계 학습 계획

	[3단계] 학습 계획	
차시	학습 활동 (평가 ★, 맞춤형 전략 ♣)	WHER ETO
1~2	<mark>핵심질문</mark> 학교는 우리에게 어떤 곳인가? 단원 도입하기 • KWL 차트로 우리 학교에 대해 알고 있는 것, 알고 싶은 것 확인하기★ • 수행과제 및 역할 확인하기	W H
3~4	<mark>핵심질문</mark> 어떻게 하면 친구와 잘 지낼 수 있을까? 우리 반은 어떤 모습일까? • 우리를 힘들게 했던 친구들의 말이나 행동 돌아보기 • 안전한 우리 반을 위해 할 수 있는 말과 행동 제안하기 • 우리 반을 위해 지켜야 할 규칙 정하기 • 우리가 꿈꾸는 행복한 반을 위한 비전 정하기 • 규칙에 대한 실천 다짐하기	E1
5~6	<mark>핵심질문</mark> 어떻게 하면 친구와 잘 지낼 수 있을까? 친구와 어떻게 놀이할까? • 함께 놀이하고 싶은 친구들과 모둠 정하기 • 함께 하고 싶은 놀이(얼음땡, 무궁화꽃이 피었습니다, 8자 놀이, 달팽이 놀이) 정하기♣ • 놀이할 때 필요한 규칙 정하기 • 함께 정한 규칙을 지키며 놀이하기 • 놀이 소감 나누기	E1 T
7~9	<mark>핵심질문</mark> 학교에는 어떤 사람들이 있을까? 우리 학교를 어떻게 탐방할까? • KWL 차트를 준거로 하여 탐방 장소(상상제작실, 위클래스, 급식실, 방송실, 5학년 1반 교실, 교장실, 교무실) 결정하기♣ • 탐방을 위한 모둠 구성하기♣ • 탐방 계획 세우기: 탐방 장소, 탐방 장소에서 만난 사람과 인사하는 방법, 인터뷰할 질문 정리, 탐방 일시, 탐방하면서 지킬 규칙, 탐방 시 역할 정하기★ • 교사: 탐방할 장소의 선생님들과 사전 협의 진행	E1 T H

10~11	핵심질문 학교에는 어떤 사람들이 있을까?
	
	우리 학교는 어떻게 생겼을까?★
	• 탐방 시 고려할 점들을 생각하며 연습하기
	• 모둠별로 규칙을 지켜 학교 탐방하기♣
	: 규칙과 예절 지키기
	  예의를 지켜 인사하고 질문하기
	  탐방 장소 사진 찍기(교사 역할)
	  탐방 결과 정리하기
		E1
		T

12~13	핵심질문 학교에는 어떤 사람들이 있을까? 탐방 결과를 어떻게 정리할까?★ • 탐방 결과를 글과 그림으로 정리하기 : 만난 사람, 그곳에서 하는 일, 탐방 장소에서 본 것 등♣ • 수행 결과물 점검하고 수정 보완하기	R E2
14~15	핵심질문 학교에는 어떤 사람들이 있을까? 우리 학교를 어떻게 소개할까? • 탐방한 장소에서 알게 된 점 소개하기 • 소개를 듣고 궁금한 점 질문하기 • 결과물을 게시판에 전시하고 갤러리 워크로 공유하기 • 퀴즈로 알아보는 특별실 명칭과 역할★ 학교 공동체를 위해 무엇을 할 수 있을까? • 학교 공동체를 위해 할 수 있는 일 찾아 실천하기: 인사 잘하기, 공부 열심히 하기, 질서를 지키며 다니기, 학교 규칙 잘 지키기, 쓰레기 버리지 않기 등 • 우리 반 규칙을 잘 지키고 있는지 돌아보기★	R E2
16~17	핵심질문 학교는 우리에게 어떤 곳인가? 무엇을 알게 되었을까?★ • 채점기준에 따라 수행과제 스스로 평가하기 • 핵심질문에 답해 보기 • 새로 알게 된 점, 소감 등을 나누며 프로젝트 돌아보기	R

W	H	E1	R	E2	T	O
Where Why What	Hook Hold	Explore Enable Equip	Reflect Rethink Revise	Evaluate Exhibit	Tailored	Organize Sequence
목표 제시 및 필요성 안내	관심 집중 및 동기 유발	수행을 위한 지식 및 기능 습득	학습자 반성 및 재점검	과제 발표 및 평가	학생 개인의 필요와 요구 반영	수업 내용 조직 및 계열화

2장
저학년 통합교과 이해를 위한 수업 어떻게 실천하는가?

무엇을 중심으로 가르칠 것인가?

'학교'는 입학 초기 적응 활동을 위한 단원이다. 초등학생으로서 학교에 적응하는 과정에서 새로운 정체성을 형성할 수 있도록 학교생활에 기본적으로 필요한 것을 최대한 친숙하고 익숙하게 경험할 수 있도록 구성되어 있다. 공식적인 수업을 위한 적응과 준비를 위해 교사가 반드시 해야 할 수업과 학생에게 꼭 필요한 내용은 미리 다루었다. 그리고 교사와 학생이 협의하여 수업을 조정하고 개발할 수 있도록 주어진 융통성을 발휘하여 '공동체'를 개념적 렌즈로 선정하고 이 단원을 개발했다.

이 단원과 관련하여 교육과정에 제시된 내용은 다음과 같다.

> [2바01-01] 학교생활 습관과 학습 습관을 형성하여 안전하고 건강하게 생활한다.
> [2슬01-01] 학교 안팎의 모습과 생활을 탐색하며 안전한 학교생활을 한다.
> [2즐01-01] 즐겁게 놀이하며, 건강하고 안전하게 생활한다.

이를 바탕으로 '학교 공동체는 다양한 사람들이 함께 생활한다는

영역	영역	범주	내용 요소		
			바른생활	슬기로운 생활	즐거운 생활
우리는 누구로 살아 갈까	• 우리는 내가 누구인지 생각하며 생활한다. • 우리는 서로 관계를 맺으며 생활한다.	지식 · 이해	• 학교생활 습관과 학습 습관 • 자기 이해 • 생태환경	• 학교 안팎의 모습과 생활 • 자아 인식 • 가족과 주변 사람 • 사람·자연·동식물	• 건강과 안전 • 신체 인식과 감각 • 자연의 아름다운 장면
		과정 · 기능	• 습관 형성하기 • 관계 맺기	• 탐색하기 • 설명하기 • 탐구하기	• 놀이하기 • 소통하기 • 감상하기
		가치 · 태도	• 안전하고 건강한 생활 • 자기 존중 • 배려 • 더불어 사는 삶	• 안전한 학교생활	• 어울림 • 건강한 생활 • 안전한 생활

것을 알고 타인과 어울려 살아간다'는 전이 목표를 도출했다. 이 단원에서는 학습 습관에 관한 내용은 다루지 않으므로, 성취기준 [2바01-01]은 '학교생활 습관을 형성하여 안전하고 건강하게 생활한다'로 재구조화했다. 개념적 렌즈를 '공동체'로 했기에 이 단원의 맥락을 반영하여 교육과정 문서에서 제시한 핵심 아이디어를 '우리는 공동체의 일원으로 서로에게 영향을 주고받으며 살아간다'로 변형했다.

학생들은 가정이라는 익숙한 공간을 떠나서 '학교'라는 새로운 공간에서 초등학생으로서 생활을 시작한다. 학생들은 짧지만 기본적인 학교생활 습관과 학습 습관 형성을 위한 준비 기간을 거친다. 조금씩 익숙해지고 있는 학생들은 우리 학교를 어떻게 생각하는지, 무엇을 알고 싶어 하는지 학생들의 요구를 파악해야겠다고 생각했다. 그리고 학생들이 궁금해하는 학교의 여러 공간을 직접 탐방하고, 학교에는 다양한 사람들이 살아가고 있으며 각자의 역할을 성실히 수행하면서 학교를 위해 기여하고 있음을 알게 하고 싶었다. 아직 적응 중인 학생들인데 용감하게 도전하며 협력적으로 참여할 수 있을까? 과연 주도적인 탐구를 할 수 있을까? 염려스러운 마음이 없지 않았지만 가능성을 믿고 학생들과 이 단원을 설계하고 실천했다.

무엇을 공부할까?

KWL을 통해 알아보았던 우리 학교에 대해 학생들이 알고 있는 것과 알고 싶은 것을 정리하면 다음과 같다.

알고 있는 것	알고 싶은 것
• 놀이터가 좋다. • 놀이터가 재미있다. • 우리 교실은 3층에 있다. • 공부가 좋다. • 우리 학교 꽃은 장미고 나무는 소나무다. • 우리 선생님은 아침에 책을 읽어 준다. • 선생님은 우리가 모르는 것을 알려 준다. • 교실에 놀잇감이 많다. • 6층에 올라가면 안 된다. • 3학년은 6반까지 있다. • 우리 학교 이름은 ○○초다. …	• 과학실은 어떤 일을 하나요? • 교장 선생님은 뭐 해요? • 상상제작실에서 공부해 보고 싶어요. • 우리 학교 학생은 모두 몇 명이에요? • 도서관에 책이 몇 권 있어요? • 밥은 어떻게 만드는지 궁금해요. • 우유는 언제 먹어요? • 교실에 태극기는 왜 있어요? • 학교 건물은 몇 킬로예요? • 우리 학교 운동장에서는 뭐 해요? …

학생들이 학교의 상징에 대해 배우고 쉬는 시간 또는 놀이시간에 했던 경험 그리고 학교를 돌아다니며 보았던 것들을 알고 있었다. 아직 한글을 배우는 과정이라 주로 그림으로 많이 그린다. 자기의 생각을 문장으로 표현하기는 좀 어려워하지만 나름대로 잘 표현한다. 알고 싶은 것은 과학실과 운동장, 도서관의 역할, 교장 선생님이 하는 일, 우리 학교 학생 수 등인데, 그 밖에도 우유 먹는 시기, 급식이 어떻게 만들어지는지 궁금해했다. 바로 알려 줄 수 있는 내용은 간단한 설명으로 궁금증을 해소해 주었다. 그리고 교육과정에서 도출한 내용과

학생들의 궁금증을 반영하여 학교를 탐방하면서 여러 공간과 사람들에 대한 것을 알아 가기로 했다.

이해했다면 무엇을 할 수 있을까?

이 단원은 우리 학교를 탐방하면서 학교 공동체에서는 다양한 사람들이 함께 생활한다는 것을 알고 타인과 어울려 살아갈 수 있어야 한다는 것을 목표로 한다. 탐방을 통해 알게 된 것을 정리하여 설명하는 활동은 수행과제로 제시하고, 특별실의 이름과 역할에 대한 것은 퀴즈를 통해 확인한다. 자기평가를 통해 문제 해결 과정을 돌아보도록 한다.

○○초등학교에 입학한 우리 반 친구들이 학교를 한번 둘러보기는 했지만, 학교 안의 여러 시설들을 자세히 탐구하지 못했습니다. 우리 반 친구들은 교장실과 과학실, 도서관 등의 장소들을 자세히 들여다보고 어떻게 생겼는지 어떤 물건이 있는지, 그곳을 누가 사용하는지, 누가 있는지 등 궁금한 것이 많이 있습니다. 우리 학교 탐방대는 학교의 다양한 장소에 대해 궁금해하는 친구들을 위해서 각 장소를 탐방하고 소개해야 합니다. 여러분이 탐방한 장소가 어떤 곳인지, 그곳에 계시는 선생님은 어떤 분인지, 어떤 일을 하시는지, 그 장소의 역할은 무엇인지 조사합니다. 그리고 글과 그림으로 내용을 정리하여 친구들에게 소개할 예정입니다. 소개가 끝난 후 탐방 보고서는 교실 게시판에 전시할 예정입니다. 탐방 보고서를 마무리한 후 우리는 학교 공동체 구성원으로서 학교를 위해 우리가 할 수 있는 일이 무엇인지 함께 생각해 보고 학교를 위해 할 일을 함께 정하여 실천까지 할 예정입니다.
여러분이 모둠의 친구들과 함께 수행과제를 해결하는 과정에서 서로 협력하여 참여하기를 기대합니다.

이 수행과제의 채점기준은 문제 인식, 자료 수집 및 정리, 다양한 방법으로 표현하기, 책임감을 갖고 협력하기로 선정한다. 문제 인식하기는 학교 탐방 프로젝트에서 우리가 해결하고자 하는 것이 무엇인지 파악하기, 자료 수집 및 정리하기에서는 탐방 장소의 모습과 그곳의 역할을 조사하여 정리하기, 다양한 방법으로 표현하기는 탐방 장소의 특징이 드러나게 글이나 그림으로 표현하여 설명하기, 책임감을 갖고 협력하기는 인성과 관련한 기준으로 모둠의 친구들과 긍정적인 관계를 형성하여 책임감을 갖고 효과적으로 학습하기와 관련하여 학생의 자기평가와 교사 평가로 실시한다.

이 단원을 어떻게 시작할까?

우리 학생들이 학교에 입학한 지 3주가 지났다. 아직은 유치원 티를 벗지 못한 모습이 많이 나타나지만, 교실 안에서 함께 약속한 생활 습관과 학습 습관이 조금씩 만들어지고 있다. 물론 이 부분은 1년 동안 계속해서 이야기해야 하지만, 기특하게도 부적응의 모습은 보이지 않고 있어 다행이고 감사하다. 교실 배식을 하는 우리 학교 학생들은 1학년 때부터 급식당번을 시작한다. 작은 몸과 손으로 친구들을 위해 재밌어하면서 힘들어도 열심히 급식 봉사를 한다. 화장실과 정수기 이용도 익숙해지고 쉬는 시간마다 도서관도 열심히 다닌다. 가끔 보건실 가는 것을 어려워하는 학생도 있지만, 대부분은 몇 번의 학교 구경하기 활동으로 학교 공간에 익숙해진 모양이다.

이제 학교에 있는 여러 특별실을 좀 더 자세히 들여다볼 차례다. 사실은 그것만이 목적은 아니다. 학생들이 학교에 대한 두려움, 낯선 곳에서의 어색함을 벗어나 용감하게 도전하며 학교에서 함께 살아가는 사람들을 만나고 학교 공동체 구성원으로서의 정체성과 소속감을 느끼는 것이 이 프로젝트를 하는 진짜 이유다. 몇 년 전부터 1학년을 맡으면서 3월 말이면 언제나 실행했던 프로젝트이다. 올해는 교육과정의 변화로 조금 일찍 시작하게 되었다. 학생들이 어느 정도 학교 분위기에 익숙해질 때쯤 프로젝트를 시작할 준비를 한다. 이미 나의 머릿속에는 계획이 그려져 있지만, 학생들이 어떤 공간에 있는 어떤 사람들을 만나고 탐색하고 싶어 할지 모르기 때문에 협의하는 시간이 필요하다. 해마다 학생들이 원하는 것이 다르다.

단원을 시작할 때 유용한 활동이 KWL 차트를 활용한 출발점 행동 진단, 그리고 학생들의 탐구 질문 만들기다. 먼저, '우리 학교에 대해 알고 있는 것은 무엇인가요?'라는 질문으로 그동안 학교에 대해 알고 있는 것들을 정리한다. 포스트잇을 활용해 기록하게 하는데, 아직 글쓰기를 어려워해서 글로 쓰거나 그림으로 그리도록 안내하고, 그림으로 그려서 어떤 내용인지 잘 알 수 없는 경우는 교사가 글로 설명을 덧붙인다. 이 활동은 학생들이 얼마나 알고 있는지에 대한 출발점 행동 진단도 할 수 있지만, 학생들의 오개념 파악에도 유용하다. 포스트 잇에 응답하기 전에 먼저 학생들의 이야기를 들어 보고 칠판에 기록한다. 칠판에 응답 내용을 기록하는 것은 학생들의 사고를 시각적으로 드러내거나 글을 모르는 학생이 보고 쓸 수 있도록 도움을 줄 수도 있고, 아직 생각해 내지 못한 학생을 위한 배려이기도 하다. 모방을 통해 새로운 생각을 할 수 있도록, 너무 어려워하지 않게 도전하고 생각해 내도록 하기 위함이다. 학생들의 생각을 전부 모은 후 응답한 내용을 모두에게 크게 읽어 주면서 유목화한다. 유목화가 되지 않는 생각들은 별개로 놓아 두거나 기타 의견으로 묶어 두기도 한다.

다음에는 우리 학교에 대해 궁금한 것 또는 알고 싶은 것을 적어 보라고 한다. 다른 색의 포스트잇을 나누어 주고 여러 개의 질문을 할 수 있도록 한다. 질문을 크게 읽어 주고 유목화한다. 이 질문들에서 학생들에게 많이 언급되는 특별실을 눈여겨보고 탐방할 곳을 미리 고려해 둔다. 물론 학생들이 실제 탐방할 곳을 결정할 때는 생각이 달라질 때도 많다. 학생들과 작성한 KWL 차트는 교실 벽에 붙여 두고 수시로 확인할 수 있도록 한다.

KWL 차트: 우리 학교에 대해 알고 있는 것/
우리 학교에 대해 알고 싶은 것

KWL 차트를 수시로 살펴보는 학생들

우리 반은 어떤 모습일까?

3주일 동안 학생들이 짝, 모둠 활동을 경험하고 쉬는 시간과 놀이 시간에도 함께 어울려 생활했다. 처음에는 서로에 대해 잘 모르고 긴장하며 지내므로 갈등이 생기지 않는다. 그러다 교실이 조금씩 익숙한 공간이 되면서 학생들의 활동 반경이 넓어지고 자기를 드러내기 시작한다. 이제 우리 반 나름대로 규칙이 필요할 때다. 이러한 기회를 잘 잡아 우리가 꿈꾸는 안전하고 행복한 우리 반의 모습을 비전으로 설정하고 학급의 규칙을 정한다.

먼저 학생들과 함께 초등학교에 입학하고서, 또는 유치원이나 어린이집에서 생활하면서 친구들로 인해 속상하고 힘들었던 일은 무엇이었는지 이야기를 나눈다. 어떤 일이, 어떤 말들이 상처가 되었는지 학생들이 한 말을 칠판에 기록한다. 학생들은 주로 나쁜 말을 들었던 것, 같이 놀아 주지 않았던 것, 갈등이 생겼는데 해소되지 않아서 마음에 남은 것들에 대해서 말한다. 그렇다면 누구도 화가 나거나 속상하지 않게 우리 반이 안전한 공간이 되려면 어떻게 해야 할까? 먼저 어떻게 말하고 행동해야 하는지에 대해서 충분히 이야기를 나눈 후 포스트잇에 기록한다. 이때 그림으로 그리거나 글씨를 쓰도록 안내한다. 학생들이 작성한 내용을 칠판에 붙인다. 다양한 목소리를 내고 싶어 하는 학생은 여러 장을 기록할 수 있도록 허용한다.

충분히 생각하고 자기 생각을 표현할 시간을 준 이후에는 학생들의 의견을 유목화한다. 학습 관련, 생활 관련, 교실과 복도 같은 실내 공간 안전, 언어생활과 관련된 내용으로 묶어서 몇 개의 약속을 함께 정한다. 약속이 너무 많으면 지키기가 어려우므로 6개 목록으로 정리했다. 여기에 모두 자기 이름을 기록하고 약속을 지키겠다는 다짐을 받는다. 이 약속 목록에서 우리가 함께 추구하고자 하는 가치를 추출하고 가치를 모아서 우리 반의 비전을 만든다.

우리 반에서 올해 추구하는 가치는 존중과 배려이다. 그래서 만들어진 우리 반의 비전은 '존중과 배려로 함께 성장하는 우리 반'이다. 이 비전과 약속은 교실에 게시하고 수시로 점검하며 지킬 수 있도록 한다. 2학기 시작할 때는 1학기를 돌아보며 약속을 점검하고 더 필요한 약속이 있는지, 수정할 내용이 있는지, 모두 다 잘 지켜서 삭제해도 되는 것이 있는지 다시 한번 살펴보며 개정하는 과정이 이루어진다. 1학기에 한 친구가 전입을 왔다. 여러 학생이 새로 온 친구에게 우리 반의 약속을 설명해 주며 꼭 지켜야 한다고 다짐받는 장면을 보았다. 미처 생각하지 못했는데, 학생들이 함께 정한 우리 반의 약속을 중요하게 여기고 있다는 사실을 알게 되었다.

우리 반 약속 만드는 과정

우리 반 약속 만드는 과정

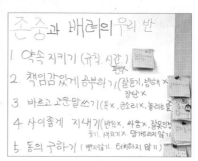
우리 반의 비전과 약속

친구와 어떻게 놀이할까?

2022 개정 교육과정에는 저학년의 신체활동이 매우 강화되었다. 통합교과에서 단원마다 8차시를 편성하여 주 2회는 신체활동을 한다. 공동체 협력 놀이, 비경쟁 또는 경쟁의 요소가 들어간 다양한 게임 활동을 하기도 한다. 때로는 운동장 놀이터에서 놀이하고, 학교 주변을

산책하고 탐색하는 활동으로 운영한다.

이번에는 그 시간과는 별도로 학생들이 놀이를 계획한다. 자기가 하고 싶은 놀이를 자기가 하고 싶은 친구들과 모둠을 만들어 계획을 세우고 놀이를 한다. 놀이를 먼저 정하고 모둠을 조직할 수도 있지만, 이번에는 놀이할 모둠을 먼저 정하고 놀이 계획을 세우기로 했다.

그동안 쉬는 시간에는 교실에 있는 교구와 놀잇감을 가지고 놀이를 해 봤지만, 수업 시간에 자유롭게 놀이할 수 있다는 사실에 학생들은 잔뜩 기대했다. 삼삼오오 모여 놀이 계획을 세우고 중간중간 질문을 한다. 어떤 놀이를 할 수 있는지, 어떤 준비물을 마련해 줄 수 있는지 여러 가지 상황을 고려하며 계획을 세운다. 계획하다 보니 놀이할 공간에 실내, 실외가 섞여 있어 두 곳에서 할 놀이를 모두 포함시키기로

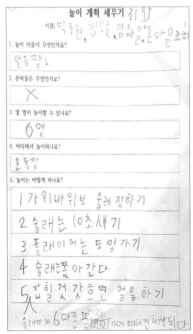

놀이 계획서

놀이 계획 세우는 모습

'얼음땡' 놀이 모습

했다. 계획한 대로 한 시간은 교실에서, 한 시간은 운동장에서 놀이했다. 자연스럽게 놀이하는 것도 좋지만 가끔은 이렇게 계획하여 놀이하는 것도 좋다. 이렇게 놀이하고 나면 새로운 놀이가 다양하게 등장한다. 놀이 방법은 거의 비슷하지만 아주 조금씩 다른 점이 있다. 아이들은 자기들이 만든 놀이를 매우 좋아하며 즐긴다. 그 놀이에는 놀이를 만든 아이들의 이름이 붙는다. 'OO이 놀이' 같은 형태다. 아이들은 놀이를 창조한다.

우리 학교, 어떻게 탐방할까?

KWL 차트 작성할 때 학생들이 궁금해하던 학교의 특별실이 있다. 교사가 추천하고 싶은 특별실도 있다. 과학실, 상담실, 급식실, 컴퓨터실, 일반 교실 같은 곳들은 해마다 학생들이 궁금해하는 곳이다. 유치원이나 어린이집에는 없던 공간이라 궁금해하는 것 같기도 하다. 여기에 교장실, 교무실, 방송실, 행정실, 수석님이 계시는 수업 탐구실을 더 제안했다. 최종 선택은 학생들이 하겠지만 다양한 분들을 만나고 오면 좋겠다는 생각에서였다. 올해는 학생들이 도서관을 탐방할 공간으로 언급하지 않았다. 이미 여러 번 다녀와서 궁금한 점이 없는 걸까? 충분히 익숙한 공간이라 그런가? 여러 번 제안해도 관심이 별로 없다. 그래서 학생들과 교사가 제안한 장소들을 칠판에 적고 학생들이 이름표 자석을 이용하여 탐방할 장소를 선택하도록 했다. 탐방할 장소에 따라 모둠이 조직되는 맞춤형 수업이다. 이 선택 활동을 통해 우리반 학생들이 탐방할 장소로 결정된 곳은 상상제작실이라고 부르는 과학실, 위클래스, 급식실, 방송실, 5학년 1반 교실, 교장실, 교무실이다.

장소와 모둠원 구성이 끝나면 탐방 계획을 세운다. 탐방할 장소가 어디에 있는지 확인하고, 인터뷰할 질문을 만든다. 3개의 질문은 공통으로 교사가 미리 정해 주지만, 2개 정도는 모둠원들이 함께 정한다. 예전에 학생들이 너무 개인적인 질문을 하는 모습을 보고 2개의 질문도 학교에서 하는 일과 관련된 질문을 하도록 범위를 정해 주었다. 하지만 학생들은 개인적인 질문을 하기도 한다. 기록하지 않은 추가적인 질문도, 직접 인터뷰하면서 더 할 수 있다고 말해 주었다. 그리고 역할을 정한다. 누가 어떤 질문을 할 것인지, 누가 기록할 것인지, 누가 탐방할 장소까지 안내하고 다시 돌아오면서 인솔할 것인지 등등. 모둠이 두 명에서 다섯 명까지 차이가 있어 역할도 모둠에 따라 조금씩 다르게 정해졌다.

　탐방할 장소가 확정되면 그곳의 선생님들과 협의가 필요하다. 학생들의 탐방을 허용해 줄 것인지, 일정은 괜찮은지, 학생들이 인터뷰할 때 글자를 몰라 어려워하면 도와주되 미리 내용을 다 써 주어서는 안 된다는 것 등 협의 사항이 많다. 탐방 전날과 당일에도 한 번 더 학생들의 탐방 시간과 탐방할 때 질문을 대략 알려 드린다. 선생님들은 매우 협조적이고 학생들을 만날 기대로 즐거워하신다. 탐방 이후에는 가끔 학생들이 어떻게 지내고 있는지 근황을 물어보기도 하신다.

탐방 장소와 모둠 구성하기

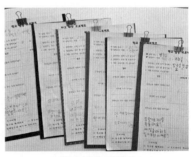
학교 탐방 계획서

우리 학교는 어떻게 생겼을까?

드디어 탐방하는 날이다. 학생들은 며칠 전부터 긴장되고 떨린다고 한다. 탐방하면서 지켜야 할 규칙을 다시 확인하고 인터뷰하는 연습도 한다. 문을 두드리고 인사하는 것부터 예의를 갖춰 질문하는 것, 인터뷰 끝나고 감사 인사하는 것까지 준비가 다 되면 모둠별로 이동한다. 탐방할 장소를 찾지 못하거나 문을 열고 들어가지 못하고 있을까 염려했는데, 그건 정말 우리 학생들을 어린아이 취급한 나의 착각이었다. 마지막 팀을 보내고 나서 학교를 한 바퀴 돌며 학생들의 탐방 모습을 사진 찍었다. 진지하게 질문하고 경청하는 모습을 그냥 지나치기 아까워서 사진에 열심히 담은 것이다.

상상제작실 탐방 모습

교무실 탐방 모습

방송실 탐방 모습

탐방 결과를 어떻게 정리할까?

학생들의 탐방이 끝나고 이제 탐방 결과를 정리하는 시간이다. 학생들이 탐방 계획서에 기록한 내용과 탐방하면서 알게 된 것들을 정리하기로 했다. 그곳에서 본 것, 들은 것을 모둠별로 함께 이야기 나누며 어떤 방법으로 정리하는 것이 좋을까 협의했다. 도화지에 글과 그림으로 표현하자고 한다. 모둠별로 모여 탐방한 곳의 모습, 그곳에서 만난 선생님들을 그림으로 그린다. 나름의 방법으로 해석한 것인지 정말 그렇게 보이는 것인지 알 수 없으나 학생들은 다양한 모습으로 탐방 결과를 정리했다. 그러고 나서 정리한 탐방 결과물을 같은 모둠끼리 서로 소개했다. 그 시간에는 서로에게 피드백도 해 준다. 틀린 글씨도 봐주고 그림의 크기, 색칠한 것도 살펴본다. 설명할 때 또박또박 말해야 한다고 알려 주는 친구들도 있다. 여기까지 해낸 것도 기특하지만 조금 더 살펴보고 수정하면 좋을 텐데 싶은 점도 있다. 하지만 이건 교사의 욕심이다. 대부분의 학생이 자기 결과물에 수정할 부분이 없고 설명할 준비가 다 잘되었다고 말한다.

보고서 완성

보고서 설명 연습하는 모습

탐방 결과를 어떻게 소개할까?

탐방 결과물이 정리되고 소개할 시간이다. 학생들의 결과물을 실물 화상기로 보여 주며 설명을 하도록 했다. 어디에 다녀왔는지, 누구를 만났는지, 질문에 대해 어떤 답변을 들었는지 소개했다. 그리고 자기의 소감을 나누었다. 발표하는 친구들의 이야기를 듣고 질문하고 답변하는 시간도 있었다. 물론 풍성하고 많은 정보를 소개하는 것도 아니고 질문이 많은 것도 아니다. 자기가 탐방한 곳이 가장 기억에 남고 가장 재미있었고, 자기의 에피소드를 소개하는 데 더 집중했다. 그래도 자기가 직접 궁금한 곳을 탐방했다는 사실에 뿌듯해하는 모습, 자신감 넘치는 모습이 무척 사랑스럽다. 직접 가고 싶었지만 가지 못한 곳의 이야기에는 열심히 귀를 기울인다. 과학실, 급식실, 방송실 팀이 발표할 때는 학생들이 더 관심을 기울여 듣는다. 발표하면서 선생님들이 비밀이라고 하셨다며 간식을 챙겨 주신 것을 수줍게 말하기도 한다. 학생들의 탐방 결과물은 6학년이 학교를 구경시켜 줄 때 주었던 학교 배치도와 함께 게시판에 전시했다.

학교에 있는 특별실들을 중심으로 퀴즈를 했다. 특별실의 이름을 알아맞히거나 역할을 설명하는 내용이다. 대부분 어렵지 않게 대답한다.

탐방하고 친구들에게 소개하는 날 과제를 주었다. 가족들에게도 탐방 결과를 소개하는 것이다. 몇 분이 알림장에 소감을 적어 보내 주셨다. 부끄러워하면서도 즐겁게 참여한 학생들을 격려하고 칭찬해 주셨다. 급식실을 다녀온 친구는 편식이 심한데 김치찌개도 먹었다며 자랑했다는 소식을 전해 주셨다.

| 게시판(탐방 결과물 전시) | 부모님 소감(알림장) |

학교 공동체를 위해 무엇을 할 수 있을까?

우리의 단원 목표는 학생들이 학교 공동체 구성원으로서 정체성을 찾고 소속감을 지니는 것이었다. 탐방하면서 학교에 다양한 공간이 있고 그 공간마다 학교를 위해 일해 주시는 많은 분이 있다는 사실을 알게 되었다. 따라서 우리는 학교 구성원으로서 학교 공동체를 위해 무엇을 할 것인지를 정하고 실천하기로 했다. 거대하고 엄청난 일이 아니라 자기 위치에서 할 수 있는 일들을 해 보자고 했더니, '인사 잘하기, 공부 열심히 하기, 질서를 지키며 다니기, 학교 규칙 잘 지키기, 쓰레기 버리지 않기'와 같은 활동을 제안한다. 그래서 자기가 제안한 활동들을 일주일 동안 열심히 지키기로 하고, 일주일 후에 잘 지키고 있는지 돌아보기를 했다.

우리 반은 서로 다른 배경과 경험을 지닌 학생들이 모여 어울려 살아가는 공동체다. 짧은 기간이지만 그동안 우리가 함께 정한 규칙을 잘 지키고 있는지 돌아보는 시간을 가졌다. 모두가 안전하고 행복하게 잘 생활하기 위해 만든 우리 반의 규칙을 하나하나 점검했다. 규칙 하나하나를 점검하며 스스로를 돌아보았다. 몇몇 학생의 반성하는 작은

목소리가 들려왔지만, 대부분은 잘 지키고 있다고 대답했다. 지금의
우리 모습이 계속 유지되기를 바란다.

무엇을 알게 되었을까?

학교 탐방 프로젝트를 마무리하며 '나는 우리 학교에 대해 무엇을
알게 되었는가?'라는 질문을 제시한다. 자기평가 시간이다. 이 활동 역
시 학생들과 이야기를 충분히 나눈 후에 허니콤보드에 기록한다. 많
은 학생이 선생님의 이름을 알게 되었다고 한다. 또 5학년 교실에는
언니 오빠들이 많다는 것, 위클래스에 장난감이 많아서 좋다는 것,
방송실에 마이크가 있다는 것을 알았다는 내용도 있다. 루브릭을 가
지고 학생들과 자기평가하기는 아직은 좀 어려움이 있어 내용을 읽어
주고 손을 들게 했다. 많은 학생이 잘함 또는 매우 잘함에 손을 든다.
실제로 학생 대부분이 매우 열심히 참여했고 나름대로 새로운 사실
들을 잘 알게 되었다. 교사의 평가도 학생들과 비슷하다. 대부분 잘함,
매우 잘함으로 보인다. 아이들에게 프로젝트를 하면서 어떤 생각이 들
었는지 물었다. 아이들의 소감이 사랑스럽다.

- 떨리고 무서웠는데 용감하게 해내서
  자랑스러워요.
- 뿌듯해요.
- 많이 떨렸어요.
- 우리 학교가 더 좋아졌어요.
- ○○초에 입학하기 잘했어요.
- 혼자 위클래스 갈 수 있어요.
- 또 이런 프로젝트 하고 싶어요.
  ...

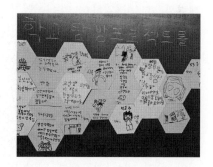

학교 탐방 프로젝트를 마치고

우리 아이들이 학교에 입학 후 첫 번째 프로젝트를 이렇게 마무리했다. 올해도 잘할 수 있을까. 작년에 6학년을 가르치다 다시 만난 1학년이 유독 더 어리게 느껴져 처음 준비할 때는 의문이 든 것도 사실이다. 글로 표현할 수 없는 어려운 점들이 있었지만, 그럼에도 포기하지 않고 도전한 것은 학생들에 대한 믿음이 있기 때문이다. 결과물에 교무실을 탐방한 학생들이 그린 교감 선생님 그림이 실물과 너무 비슷해서 교감 선생님께 보내 드렸다. 그랬더니 이 학교에 와서 처음 받은 선물이라고 매우 좋아하셨다. 교장 선생님도 용감하게 프로젝트를 마무리한 우리 학생들을 칭찬하면서 이러한 교육과정 실천 사례를 서로 나누는 시간이 있었으면 좋겠다고 말씀하셨다. 마무리하고 나니 스스로가 기특하고 뿌듯하다. 내가 나를 돌아볼 때 가장 잘한 점은 학생들을 믿은 것이다.

유치원, 어린이집을 졸업하고 온 아이들이 학교에 무사히 적응하고 행복한 6년을 꿈꿀 수 있기를 바라는 마음도 한몫했다. 1학년을 마무리할 때, 입학 전에 가장 걱정했던 점이 무엇인지 질문한 적이 있었다. 학생들이 가장 걱정했던 것은 친구를 사귀지 못하면 어쩌나, 친구가 때릴까 봐 두려워하는 마음이었다. 물론 선생님이 무서울까 봐, 혼날까 봐, 공부를 못할까 봐 염려하는 점도 있었지만, 친구에 대한 걱정이 생각보다 컸다. 실제 적응하면서는 엄마랑 떨어져 혼자 학교에 오는 게 가장 힘들었고, 젓가락 사용, 수학 공부도 힘들었다고 했다. 그래서 "새로 입학할 후배들에게 잘 적응할 수 있는 팁을 준다면?" 하고 물었다. 학생들은 "친구에게 내가 먼저 다가가면 친구를 빨리 사귈 수 있어, 용기 내서 친구에게 먼저 말해, 유치원 친구들이랑 같은 반이 아닐 수도 있어, 공부는 꾸준히 해야 하는 거야." 등 나름대로 진지한 이야기를 남겼다.

학교생활 적응에 대한 두려움이 이 하나의 프로젝트로 모두 해소되지는 않을 것이다. 하지만 학생들이 협력적으로 소통하고 문제를 해결하기를, 그 과정에서 갈등이 생긴다면 그 갈등을 해결하는 방법도 배워 가기를 바란다. 우리 아이들이 학교 공동체의 구성원으로서 다른 사람을 배려하며 함께 어울려 살아가는 사람으로 자라기를 기대한다.

4부

시가 피어나는 교실 이야기

1장
국어과 이해를 위한 수업
어떻게 설계할까?

1. 시가 피어나는 교실[1]

2016년도부터 '이해를 위한 교육과정 연구회'에 참여하고 2017년도에는 '경기도 교수평 일체화 정책실행연구회'에서 여러 선생님과 같이 연구를 하면서 "교육과정 성취기준과 수업과 평가가 일관성이 있는 교육과정 설계는 무엇일까?"를 고민해 왔다. 그리고 이 질문의 답으로 학생들이 자신의 실제 삶 속에서 즐거운 공부의 경험을 하며 그 안에서 이해와 배움이 일어나고, 수행과제를 먼저 계획하여 과제를 해결하는 과정에서 교육과정·수업·평가가 일관성 있게 이루어지는 이해를 위한 수업을 지속적으로 적용해 오고 있었다.

그러던 중 교직 생활을 하며 3학년을 처음 맡게 되었고 학생들의 삶과 배움을 찬찬히 들여다보게 되었다. 마냥 즐겁게만 보였던 3학년 학생들! 그러나 실상은 그동안 배운 통합교과에서 벗어나 본격적으로 분과된 교과들로 낯설어하며 배움의 어려움을 느끼고 있는 학생도 많았다. 이에 1-2학년 때 주제중심의 통합교과 공부를 하던 연장선에서 교

---

1. 2017 경기도교육청 문화예술 우수 수업 사례와 교육부 학교예술교육 공모전(우수 수업 분야)에서 입상한 수업 사례를 재작성함.

과와 예술 교과를 통합하는 수업을 실시한다면 학생들이 분과된 교과들도 어려움 없이 받아들일 수 있지 않을까라는 생각을 하게 되었다.

그 첫 프로젝트가 3학년 국어 시간에 처음 만나게 되는 문학인 시, 음악, 미술과의 만남이었고, 1년 동안 진행하게 된 '시가 피어나는 교실'이다.

2. 가족과 함께하는 연두마을 동시 콘서트

'초록을 꿈꾸는 연두마을'은 연둣빛 새싹 같던 아이들이 나만 바라보지 않고 주변의 자연과 사람을 사랑의 눈으로 바라보고 그 사랑을 표현하며 초록빛 나무로 행복하게 성장하자는 우리 학급의 특색교육이다. '가족과 함께하는 연두마을 동시 콘서트'는 학급의 특색교육, 국어의 시나 노래를 암송하는 문학, 다양한 감각으로 주변의 자연물을 탐색하고 표현하는 미술, 음악의 생활화가 만난 것이다.

얼마 전 참관한 혁신학교에서도 학부모 공개수업에서 동시를 암송하는 동시 콘서트가 진행되는 것을 본 적이 있는데 이 동시 콘서트라는 용어는 다양한 교실 상황에서 자주 사용되는 용어이기도 하다.

그렇다면 시 단원에서는 학생들이 주변에서 쉽게 접할 수 있는 '자연사랑'과 '가족사랑'을 주제로 해서 시를 암송하고, 다양한 감각을 통해 주변을 탐색하고 시화를 그리며, 음악이 있는 콘서트를 해보자는 생각이 들었다. 그래서 문학과 예술과의 만남, 교과 공부와 우리 학급 특색교육의 만남으로 '연두마을 동시 콘서트' 단원을 설계하였다.

동시 콘서트는 22차시로 구성하여 3월부터 5월까지 진행하였다. 교과 수업 시간 외에도 학교에서의 아침 시간, 가정에서의 비밀 칭찬, 어버이날 등 학교와 가정의 전반적인 삶에서 학습이 이루어지도록 하였다. 그 속에서 주변의 자연과 가족들에게 관심을 기울여 탐색하고 관찰하면서 사랑의 마음을 가지게 되기를 원했고, 그 사랑의 마음을 아름다운 언어와 가락과 색깔로 마음껏 표현하는 기회를 주고 싶었다.

3. 수다쟁이 꼬마 시인들의 시끌벅적 동시랜드

2학기가 되자 우리 반 학생들은 수행과제와 단원 설계를 교사와 함께 만들 수 있는 단계로 성장하였다. 1학기 때는 주로 다른 사람의 시를 암송했다면, 이번에는 시를 읽고 재미있는 부분을 찾아보고 직접 재미있는 시를 써 보면 어떻겠냐는 교사의 말에 단원명도 직접 짓고 수행과제의 상황도 직접 만들어 냈다.

동시랜드는 14차시로 9월 말부터 10월 중순까지 진행하였고, 1학기 '동시 콘서트'처럼 아침 시간에는 주로 시를 읽어 주고 자신의 시선집에 꾸준히 시를 기록하게 하였다. 다양한 시집들을 읽고 재미있는 시를 골라서 친구들과 재미있는 이유를 나누고, 시를 같이 낭송하고, 시를 이용한 다양한 활동을 하면서 시와 친숙해지도록 계획하였다. 최종적으로는 시집에 있던 시를 모방하거나 새롭게 창작해서 동시랜드에 전시될 시를 써 보고, 조형물을 만들어 축제 때 전시작품으로 여러 사람들과 공유할 수 있도록 하였다. 나는 우리 반 아이들이 시가 미술이 되는 경험을 갖게 하고 싶었다.

3-4학년군의 '시가 피어나는 교실'과 관련된 2022 개정 교육과정 교과 성취기준의 종적-횡적 조망도는 다음과 같다.

성취기준 종적-횡적 조망도

			[6국05-02] 비유적 표현의 효과에 유의하여 작품을 감상한다. [6국05-05] 자신의 경험을 시, 소설, 극, 수필 등 적절한 갈래로 표현한다	[6국05-04] 인상적인 부분을 중심으로 작품에 대한 의견을 나눈다.	[6국05-06] 작품을 읽고 자신의 삶과 연관 지어 성찰하는 태도를 지닌다		
연두마을 동시 콘서트							
[4음02-04] 생활 속에서 음악을 들으며 느낌과 호기심을 갖고 즐긴다.	[4미01-01] 자연물과 인공물을 탐색하는 데 다양한 감각을 활용할 수 있다.	[4미01-02] 주변 대상을 체험하며 떠오른 느낌과 생각을 다양한 방법으로 나타낼 수 있다.	[4국05-04] 감각적 표현에 유의하여 작품을 감상하고, 감각적 표현을 활용하여 자신의 생각이나 감정을 표현한다	[4국05-03] 작품을 듣거나 읽고 마음에 드는 작품을 소개한다.	[4국05-05] 재미나 감동을 느끼며 작품을 즐겨 감상하는 태도를 지닌다.	[4미02-03] 조형 요소의 특징을 자유롭게 탐색하며 주제 표현에 알맞게 활용할 수 있다	[4미02-02] 기본적인 표현 재료와 용구의 특성을 이해하고 사용 방법을 익힐 수 있다.
				꼬마 시인들의 동시랜드			
			[2국05-03] 작품 속 인물의 모습, 행동, 마음을 상상하여 시, 노래, 이야기, 그림 등으로 표현한다.	[2국05-02] 작품을 듣거나 읽으면서 느끼거나 생각한 점을 말한다.	[2국05-01] 말놀이, 낭송 등을 통해 말의 재미와 즐거움을 느낀다. [2국05-04] 시나 노래, 이야기에 흥미를 가진다.		

연두마을 동시 콘서트(3학년 1학기)

시가 피어나는 교실	연두마을 동시 콘서트(국어, 미술, 음악)		
	1단계 기대하는 학습 결과	2단계 이해의 다양한 증거	3단계 학습 계획

[1단계] 기대하는 학습 결과

관련 성취기준[2]	전이(Transfer-T)		
▶2015 개정 교육과정 [4국05-01] 시각이나 청각 등 감각적 표현에 주목하여 작품을 감상한다. [4국05-04] 작품을 듣거나 읽거나 보고 떠오른 느낌과 생각을 다양하게 표현한다. [4국05-05] 재미나 감동을 느끼며 작품을 즐겨 감상하는 태도를 지닌다. [4미01-01] 자연물과 인공물을 탐색하는 데 다양한 감각을 활용할 수 있다. [4미01-02] 주변 대상을 탐색하여 자신의 느낌과 생각을 다양한 방법으로 나타낼 수 있다. [4음03-01] 음악을 활용하여 가정, 학교, 사회 등의 행사에 참여하고 느낌을 발표한다. ▶2022 개정 교육과정 [4국05-04] 감각적 표현에 유의하여 작품을 감상하고, 감각적 표현을 활용하여 자신의 생각이나 감정을 표현한다. [4국05-03] 작품을 듣거나 읽고 마음에 드는 작품을 소개한다. [4국05-05] 재미나 감동을 느끼며 작품을 즐겨 감상하는 태도를 지닌다. [4미01-01] 자연물과 인공물을 탐색하는 데 다양한 감각을 활용할 수 있다. [4미01-02] 주변 대상을 체험하며 떠오른 느낌과 생각을 다양한 방법으로 나타낼 수 있다. [4음02-04] 생활 속에서 음악을 들으며 느낌과 호기심을 갖고 즐긴다.	• 자신의 주변을 탐색하여 예술적으로 표현하고 공유할 수 있을 것이다.		

의미(Meaning-M)	
영속적 이해	핵심질문
포괄적 수준	포괄적 수준
개념적 렌즈(감각, 소통) • 사람들은 감각을 통하여 자신과 환경을 인식하고 여러 문학적, 예술적 방법을 통해 자신의 생각이나 느낌을 표현한다.	• 사람들이 주변을 인식하고 표현하는 방법은 무엇인가?
단원 수준	단원 수준
• 주변의 대상을 오감으로 탐색하고 느낌을 다양한 선, 형, 색, 글로 나타낸다. • 시를 암송(낭송)하면 작품을 잘 이해하고, 소통의 즐거움을 경험한다. • 음악은 생활 속에서 즐거움을 주며 활용된다.	• 주변 대상의 탐색과 느낌 표현은 어떻게 할까? • 시를 왜 암송(낭송)할까? • 시는 어떻게 암송(낭송)해야 하는가? • 시 암송(낭송)과 음악은 어떤 관련이 있을까?

습득(Acquisition-A)			
지식·이해		과정·기능	가치·태도
개념적 지식	사실적 지식		
• 시 • 감각 • 선·형·색	• 암송(낭송) 방법 • 탐색	• 감각을 활용하여 탐색하기 • 문학작품 감상하기 • 자신의 생각이나 느낌 표현하기 • 예술로 공유·소통하기	• 주변 사람, 자연, 사물에 대한 관심 • 작품 감상의 즐거움 • 예술로 소통하는 즐거움

---

2. 2015, 2022 개정 교육과정의 성취기준에서 모두 적용이 가능함.

시가 피어나는 교실	연두마을 동시 콘서트(국어, 미술, 음악)		
	1단계 기대하는 학습 결과	2단계 이해의 다양한 증거	3단계 학습 계획

[2단계] 이해의 다양한 증거							
예술로 소통하기: 연두마을 동시 콘서트							
수행평가과제 요소(GRASPS)							
목표(G)	여러분의 과제는 시화 전시와 시 암송입니다.						
역할(R)	여러분의 역할은 시화를 전시한 시 암송자입니다.						
청중(A)	가족과 친구들이 관람할 것입니다.						
상황(S)	가족과 함께하는 연두마을 동시 콘서트입니다.						
결과물(P)	시 암송, 시화, 시선집을 제출할 것입니다.						
준거(S)	– 시나 노래는 반드시 암송해야 합니다. – 시에 어울리는 음악을 사용해야 합니다. – 시화는 자연사랑, 가족사랑 중 한 편을 골라 전시해야 합니다. – 자연과 가족을 탐색한 시와 그림을 시선집에 기록해야 합니다.						
설명 하기	해석 하기		적용 하기	○	관점 가지기		
					공감 하기	○	자기 지식 가지기	○

루브릭			
단계 평가 요소	잘함	보통	노력 요함
동시 암송하기	짧은 시나 노래의 분위기를 살려 암송하였다.	짧은 시나 노래를 암송하였다.	짧은 시나 노래를 암송하지 못하였다.
주변 대상을 탐색하여 느낌과 생각 표현하기	주변 대상을 탐색하여 느낌과 생각을 다양한 방법으로 나타내었다.	주변 대상을 탐색하여 느낌과 생각을 나타내었다.	주변 대상을 탐색한 느낌과 생각을 나타내지 못했다.
음악 활용하기	시에 어울리는 적절한 음악을 사용하기 위하여 노력하고 발표하였다.	시와 어울리지는 않지만 음악을 사용하여 발표하려고 노력하였다.	시에 어울리는 음악을 사용하려고 노력하지 못했고 음악을 사용하여 발표하지 못했다.

교사 학생 ☐에 스스로 체크(∨)하세요.

- 관찰:
  시집을 읽는 태도, 자연을 관찰하는 태도, 학습에 임하는 태도를 관찰할 것이다.

- 비밀 칭찬 일지:
  가족을 탐색하고 칭찬한 일지를 수집할 것이다.

- 서술형 질문지:
  관련 용어와 학습 내용을 정확하게 알고 있는지를 알아보기 위한 질문지를 풀 것이다.

◆ 자기평가

- 자기평가:
  학생들은 자신들이 만들어 낸 수행의 결과물들을 평가 준거에 따라 스스로 평가할 것이다.

- 상호평가:
  모둠 학생들과 상호평가하며 그 결과를 이야기와 댓글로 피드백할 것이다.

- 공책:
  학생들은 학습 활동 중에 수시로 자신의 학습을 반성하는 짧은 글 쓰기를 할 것이다.

시가 피어나는 교실	연두마을 동시 콘서트(국어, 미술, 음악)		
	1단계 기대하는 학습 결과	2단계 이해의 다양한 증거	3단계 학습 계획

[3단계] 학습 계획			
차시		학습 활동 (평가 ★, 맞춤형 전략 ♣)		WHER ETO

차시		학습 활동 (평가 ★, 맞춤형 전략 ♣)		WHER ETO
1	단원 도입	• 『자연과 친구 되는 시 쓰기』 읽어 주기 • 수행평가 과제 및 채점기준 제공 • 핵심질문 소개 • 자료 수집 방법 안내 • 나만의 시선집 만들기	국어	W H
3~5	배경 학습	• 『자연과 친구 되는 시 쓰기』 읽기 • 시선집에 시를 따라 쓰고 어울리는 그림 그리기 • 교실에서 동물 식물 기르고 관찰하기	아침 시간	H E1
2	자연 탐색	핵심질문 주변 대상은 왜 탐색할까? • 개나리꽃을 오감으로 탐색하기 • 탐색한 느낌을 선, 형, 색, 글로 시선집에 표현하기★	미술	E1
3~4	동시 동요	• 도서관에서 시집 한 권씩 고르고 읽기♣ • 시집에서 가장 마음에 드는 시를 골라 시선집에 적기★ • 〈퐁당퐁당〉, 〈구슬비〉 동요 부르기 핵심질문 시를 왜 암송할까? • 시를 암송하면 좋은 점 알기 • 친구들이 대출한 시집과 친구들의 시선집 시 읽기	국어 음악	E1 T
5~6	가족 탐색	• 가족에게 마음을 담아 편지 쓰기	국어	E1
7~8	자연 탐색	• 학교 내의 식물을 오감으로 관찰하기 • 느낌을 글과 그림으로 표현하기★ • 1인 1식물 기르기♣	미술 창체	H E1 T
9	동시	• 꽃과 시가 있는 책갈피 만들기	국어	H E1
2주	가족 탐색	• 가족 비밀 칭찬하기★	가정	E1

10~14	자연 탐색	• 장미꽃 오감으로 관찰하고 느낌 표현하기 • 먹을 수 있는 꽃 요리 읽고 화전 만들기 • 모심기 노래 감상하며 모내기하기	미술 국어 창체 음악	E1
15	동시 선택	• 자연사랑, 가족사랑 주제 선택하기♣ • 시를 고르거나 시 쓰기★♣	국어	E1 R T
16~17	동요 만들 기	• 노랫말의 가사를 바꾸기 • 내가 지은 시로 노래하기	음악	E1
18	시화 전시	• 오감을 선, 형, 색으로 표현하기 • 시화 쓰고 꾸며서 전시하고 감상하기★	미술	E2
19	음악 준비	핵심질문 시 암송과 음악은 어떤 관련이 있을까? • 시와 함께 가족에게 들려줄 음악 고르기★♣ • 음악 연주하기/녹음하기	음악	E1 T
20~21	시 암송	핵심질문 시는 어떻게 암송해야 하는가? • 시를 암송하는 방법 알고 연습하기	국어	E1 R
22	동시 콘서 트	• 가족과 함께 동시 콘서트 열기★ • 성찰일지 쓰기★ • 서술형 질문지 작성하기★	국어	E2 R

W	H	E1	R	E2	T	O
Where Why What	Hook Hold	Explore Enable Equip	Reflect Rethink Revise	Evaluate Exhibit	Tailored	Organize Sequence
목표 제시 및 필요성 안내	관심 집중 및 동기 유발	수행을 위한 지식 및 기능 습득	학습자 반성 및 재점검	과제 발표 및 평가	학생 개인의 필요와 요구 반영	수업 내용 조직 및 계열화

설계안 2
꼬마 시인들의 동시랜드(3학년 2학기)

시가 피어나는 교실	수다쟁이 꼬마 시인들의 시끌벅적 동시랜드(국어, 미술)		
	1단계 기대하는 학습 결과	2단계 이해의 다양한 증거	3단계 학습 계획

[1단계] 기대하는 학습 결과		
관련 성취기준³	전이(Transfer-T)	
	• 예술의 다양한 분야를 융합하여 즐겁게 소통할 것이다.	
	의미(Meaning-M)	
	영속적 이해	핵심질문
	포괄적 수준	포괄적 수준

관련 성취기준³	영속적 이해	핵심질문
▶2015 개정 교육과정 [4국05-04] 작품을 듣거나 읽거나 보고 떠오른 느낌과 생각을 다양하게 표현한다. [4국05-05] 재미나 감동을 느끼며 작품을 즐겨 감상하는 태도를 지닌다. [4미02-05] 조형 요소(점, 선, 면, 형·형태, 색, 질감, 양감 등)의 특징을 탐색하고, 표현 의도에 적합하게 적용할 수 있다. [4미02-06] 기본적인 표현 재료와 용구의 사용법을 익혀 안전하게 사용할 수 있다.	**개념적 렌즈(융합, 소통)** • 문학은 다양한 맥락을 바탕으로 하여 작가와 독자가 창의적으로 작품을 생산하고 수용하는 활동이다. • 미술은 타 학습 영역, 다양한 분야와 연계되어 있고 삶의 문제 해결에 활용한다.	• 독자는 작가의 작품에 어떻게 반응해야 할까? • 미술은 문학과 어떻게 만날 수 있을까?
	단원 수준	단원 수준
	• 시는 재미와 감동을 준다. • 작품을 제작할 때는 조형 요소와 원리, 재료의 특징을 살려 선, 형, 색으로 표현한다.	• 시가 재미있는 이유는 무엇인가? • 재미있는 시는 어떻게 쓸까? • 주어진 공간에 시를 어떻게 전시할까?

	습득(Acquisition-A)			
▶2022 개정 교육과정 [4국05-04] 감각적 표현에 유의하여 작품을 감상하고, 감각적 표현을 활용하여 자신의 생각이나 감정을 표현한다. [4국05-03] 작품을 듣거나 읽고 마음에 드는 작품을 소개한다. [4국05-05] 재미나 감동을 느끼며 작품을 즐겨 감상하는 태도를 지닌다. [4미02-03] 조형 요소의 특징을 자유롭게 탐색하며 주제 표현에 알맞게 활용할 수 있다. [4미02-02] 기본적인 표현 재료와 용구의 특성을 이해하고 사용 방법을 익힐 수 있다.	지식·이해		과정·기능	가치·태도
	개념적 지식	사실적 지식		
	• 시 • 작가와 독자 • 조형	• 재미있는 시 표현 • 재료의 특징 • 미술 활용	• 작품 해석하기 • 창작하기 • 미술과 문학을 관련 짓기 • 다른 사람과 공유·소통하기	• 작품 감상의 즐거움 • 예술로 소통하는 즐거움

---

3. 2015, 2022 개정 교육과정의 성취기준에서 모두 적용이 가능함.

시가 피어나는 교실	수다쟁이 꼬마 시인들의 시끌벅적 동시랜드(국어, 미술)		
	1단계 기대하는 학습 결과	2단계 이해의 다양한 증거	3단계 학습 계획

[2단계] 이해의 다양한 증거							
시가 미술을 만났을 때: 동시랜드 만들기							
수행평가과제 요소(GRASPS)							
목표(G)	시를 읽고 재미있는 표현을 떠올려 시를 쓰고 전시						
역할(R)	동시랜드 전시자						
청중(A)	축제 작품 관람객(가족과 친구들)						
상황(S)	학교 축제 전시 공간에 재미있는 시가 있는 동시랜드 만들기						
결과물(P)	내 마음에 들어온 시, 재미있는 시가 전시된 동시랜드						
준거(S)	- 시를 읽고 재미있는 부분을 찾고 이유를 말할 수 있어야 한다. - 재미있는 시를 한 작품 이상 써야 한다. - 동시랜드는 신문지를 이용하여 만들어야 한다.						
설명 하기	해석 하기	○	적용 하기	○	관점 가지기	공감 하기 ○	자기 지식 가지기

루브릭			
평가 요소 ＼ 단계	잘함	보통	노력 요함
시를 읽고 재미있는 부분을 떠올려 다양하게 표현하기	시를 읽고 재미있는 부분을 찾아 잘 말하고, 재미있는 생각이나 표현이 두드러지게 시를 썼다.	시를 읽고 재미있는 부분을 찾아 말하고, 재미있는 생각이나 표현이 드러나게 시를 썼다.	시를 읽고 재미있는 부분을 찾지 못하고, 재미있는 생각이나 표현이 드러나게 시를 쓰지 못했다.
재료의 특징을 살려 선, 형, 색으로 표현하기	재료의 특징을 효과적으로 살려 선, 형, 색으로 표현하였다.	재료의 특징을 살려 선, 형, 색으로 표현하였다.	선, 형, 색의 표현에서 재료의 특징을 살리는 데 미흡하였다.

교사 학생 □ 에 스스로 체크(∨)하세요.

수행(평가)과제 외의 평가

- 관찰:
  시집을 읽는 태도, 협동하여 학습에 임하는 태도를 관찰할 것이다.

- 시선집:
  재미있는 표현이 나타난 시를 꾸준히 옮겨 쓰거나 창작한 시를 쓴 개인 시선집을 수집
  할 것이다.

◆ 자기평가

- 자기평가:
  학생들은 자신들이 만들어 낸 수행의 결과물들을 평가 준거에 따라 스스로 평가할 것
  이다.

- 성찰일지:
  학생들은 단원이 끝난 후 단원에서 배운 내용, 그 내용이 중요한 이유, 무엇을 할 수 있
  게 되었는지를 서술하고, 자신의 생각이 드러난 성찰 일지를 쓸 것이다.

시가 피어나는 교실	수다쟁이 꼬마 시인들의 시끌벅적 동시랜드(국어, 미술)		
	1단계 기대하는 학습 결과	2단계 이해의 다양한 증거	3단계 학습 계획

[3단계] 학습 계획			
차시	학습 활동 (평가 ★, 맞춤형 전략 ♣)		WHER ETO
9월	배경 학습	• 아침 사제동행 독서 시간에 시집 읽어 주기 • 자신의 시선집에 마음에 드는 시 옮겨 쓰기	아침 시간	H E1
1	단원 도입	• '꼬물락 꼬물락' 시 읽어 주기 • 핵심질문 소개 • 수행(평가)과제 상황 제시 • 단원명과 수행(평가)과제를 학생들과 함께 만들기	국어	W H
2~3	재미 있는 시 읽기	핵심질문 시가 재미있는 이유는 무엇인가? • 도서관에서 시집 한 권을 온작품 읽기♣ • 내 마음에 들어온 시 정하기 • 시선집에 시 쓰고 감상하기★	국어	E1 T E2
4~5	재미 있는 시 쓰는 방법	핵심질문 재미있는 시는 어떻게 쓸까? • 교과서 시 온작품 읽기 – 교과서에 수록된 시 읽기 – 각 시마다 재미있게 표현된 부분을 찾기★ – 재미있는 생각이나 표현을 떠올려 시를 쓰는 방 법 정리하기	국어	E1 T E2
6~7	시 바꿔 쓰기	• '다 같이 돌자 동시 한 바퀴' 시선집 읽기 – 재미있는 표현이 드러난 시 고르기♣ – 재미있다고 생각한 이유를 발표하기 – 자신의 시선집에 선택한 시를 바꾸어 써 보기★	국어	E1 T E2
8~9	전시할 시 쓰기	• 『글자동물원』 시집 온작품 읽기 – 『글자동물원』 시집 읽기 – 내 마음에 들어온 시 정하고 옮겨 쓰기♣ – 시로 노래 부르기 – 시 주인공 맞히기 활동하기 • 전시할 재미있는 시 쓰기★	국어	E1 T E2

10~13	동시 랜드 만들기	핵심질문 주어진 공간에 시를 어떻게 전시할까? • 신문으로 동시랜드 조형물 만들기 • 셀로판지에 시 쓰고 전시하기★ • 감상하기	미술	E1 E2
14	성찰	• 자기평가하기★ • 성찰일지 쓰기★	국어	E2 R

W	H	E1	R	E2	T	O
Where Why What	Hook Hold	Explore Enable Equip	Reflect Rethink Revise	Evaluate Exhibit	Tailored	Organize Sequence
목표 제시 및 필요성 안내	관심 집중 및 동기 유발	수행을 위한 지식 및 기능 습득	학습자 반성 및 재점검	과제 발표 및 평가	학생 개인의 필요와 요구 반영	수업 내용 조직 및 계열화

2장
국어과 이해를 위한 수업
어떻게 실천하는가?

1. 연두마을 동시 콘서트 이야기

무엇을 중심으로 가르칠 것인가?

교육과정의 성취기준을 종적 연계와 횡적 연계망으로 작성한 후 국어(시)와 음악과 미술을 묶어 '동시 콘서트'라는 단원을 추출하고, 교육과정에서 핵심역량과 교과별 역량을 살펴보았다. 총론에서 찾은 역량은 의사소통 역량, 심미적 감성 역량이었다. 각 교과 역량 중에서 이 단원을 통해 기르고자 하는 역량을 종합하면, 인간과 자연에 대한 공감적 이해와 심미적 감성을 예술(문학, 음악, 미술)로 소통하는 역량을 기르기 위한 단원이라고 할 수 있다.

성취기준과 역량에 이어, 교육과정에서 제시된 일반화된 지식2015 개정과 핵심 아이디어2022 개정를 살펴보면 다음과 같다.

> - 문학을 생활화할 때 문학 능력이 효과적으로 신장된다.
> - 문학은 다양한 맥락을 바탕으로 하여 작가와 독자가 창의적으로 작품을 생산하고 수용하는 활동이다.
> - 감각을 통한 인식은 자신과 환경, 세계와의 관계를 깨닫는 바탕이 된다.

- 문학은 인간의 삶을 언어로 형상화한 작품을 통해 즐거움과 깨달음을 얻고 타자와 소통하는 행위이다.
- 인간은 문학을 향유하면서 자아를 성찰하고 타자를 이해하며 공동체의 일원으로 성장한다.
- 대상과 현상을 관찰하고 지각하는 경험은 앎을 확장하고 자신을 성찰하게 한다.

이를 바탕으로 종합하여 '사람들은 감각을 통해 자신과 환경을 인식하고 여러 문학적, 예술적 방법을 통해 자신의 생각이나 느낌을 표현한다'로 포괄적인 영속적 이해를 도출하였다.

단원을 설계하면서 깊이 생각한 것은 시를 어울리는 그림과 음악으로 암송하는 목적이 무엇인가였다. 나는 이 단원을 왜 가르치고, 학생들은 왜 배우는가? 그동안은 시 암송 방법과 시를 암송하면 좋은 점을 기억하게 하고, 시 한 편을 암송하는 것, 어울리는 그림으로 시화를 완성하는 것이 나의 목적이었다. 그러나 무엇을 중심으로 가르칠 것인지 고민하면서 우리 학생들이 궁극적으로 추구해야 하는 것은 주변의 현상들을 탐색하여 예술적으로 표현하고 그것을 다른 사람들과 공유할 수 있는 소통 능력을 기르는 것임을 깨닫게 되었다.

따라서 이 단원이 끝났을 때 학생들이 주변에 있는 사람, 자연, 사물에 좀 더 관심을 기울이고 사랑의 눈으로 바라보는 자세를 갖기를 바라게 되었다. 그리고 시 암송이 예술적 의사소통을 위한 하나의 수단이며, 시를 암송하면 더욱 효과적으로 다른 사람과 공유하고 의사소통을 할 수 있고, 음악과 미술이 함께하면 그 의사소통이 더 즐거워진다는 것을 학생들이 이해하기를 기대하게 되었다.

무엇을 공부할까?

『자연과 친구 되는 시 쓰기』라는 시집에는 자연을 주제로 한 여러 작가의 시와 그 시를 쓰는 다양한 방법에 대한 설명들이 잘 나와 있다. 단원을 시작하는 날 학생들에게 교과서 대신 이 시집의 에필로그와 김춘수 시인의 「꽃」을 읽어 준다. 진지하게 듣고 있던 학생들에게 "여러분도 이렇게 자연을 노래하는 시인이 되고 싶지 않나요?"라고 물었더니 여기저기서 본인들도 되고 싶다고 큰 소리로 대답한다. 이때 학생들에게 포스터를 보이며 우리 학교에서 시화전이 열리는데 우리 반 모두 참석해 보자고 자연스럽게 수행평가과제를 제시하며 수업을 진행하였다.

이해했다면 무엇을 할 수 있을까?

'학생들이 시나 노래의 암송, 주변 자연물의 탐색과 표현, 음악의 생활화를 이해했다는 증거로 동시 콘서트가 적절한가?', '교과들을 통합하여 학생들의 실제 삶에서 수행할 수 있는 과제인가?'를 계속 질문하면서 학생들에게 제시한 수행평가 시나리오를 작성하였다.

> 5월 가정의 달을 맞이하여 우리 학교에서는 '어린이 시화전'을 개최한다고 합니다. 우리 3학년 1반 연두마을에서도 어린이 시화전에 참여하여 멋진 동시와 어울리는 그림을 그려 시화를 전시하고, 가족들을 초대해서 음악과 함께 동시를 암송하는 동시 콘서트를 열 예정입니다. 동시 콘서트를 개최하기 위해서는 꾸준히 시를 읽고 주변을 탐색하여 느낌과 생각을 나만의 시선집에 글과 그림으로 다양하게 표현해야 합니다.
> 시선집에 있는 시 중에서 한 편을 골라 시화로 만들어 학교에 전시하고 가족과 친구들 앞에서 동시 콘서트를 개최하는데, 콘서트이므로 가족에게 들려주고 싶은 동시에 어울리는 음악을 고르거나 연주해서 배경음악을 만들어서 시를 암

수행평가과제는 실제 상황에서 평가가 이루어지도록 계획하고, 시화전은 3학년 5개 학급이 모두 참여하기로 하여 3학년 각 교실과 복도에 게시할 시화전 포스터를 시나리오 작성 단계에서 제작한다. 또 시선집을 만들어 3월부터 5월까지 꾸준히 시와 관련된 탐색 활동들을 기록하도록 하고 평가까지 연계할 수 있도록 한다. 탐색 주제는 3학년 발달 단계를 고려하여 학생들이 주변에서 가장 쉽게 만날 수 있는 자연과 가족으로 범위로 좁힌다.

맞춤형 수업을 적용하여 사전 질문지를 작성하게 한 후에, 시를 써 보고 싶다는 학생들의 의견을 수용해 시 쓰기를 원하는 학생은 본인이 직접 시를 쓸 수 있도록 한다. 또한 암송할 시의 주제 선택, 읽은 시나 자작시의 선택, 사용할 배경음악도 다른 사람의 연주와 본인의 연주 중에서 선택할 수 있도록 한다.

제출물	필수 내용		선택
① 시화	주제	자연사랑	
		가족사랑	
	시	읽었던 시	
		내가 지은 시	
② 음악	다른 사람의 연주		
	직접 연주		
③ 나만의 시선집	주변 대상 탐색 표현 / 시 쓰기		
자신이 선택한 주제에 체크하세요			

어떻게 사고하고 탐구할 것인가?

수행평가 시나리오를 설명한 뒤 앞으로 계속해서 시를 읽고 자연과 가족을 깊이 있게 알아 가는 다양한 시간들을 가진 뒤 시를 써 보자고 안내했다. 그리고 5월에는 가족들과 함께 즐거운 콘서트를 갖게 될 거라고 했더니 벌써부터 떨리고 신난다며 잔뜩 흥분해서 너스레를 떨기 시작한다. 이어 수행평가과제 해결을 위해 어떤 사고와 탐구를 해야 할 것인지 핵심질문을 소개해 주었다. 시와 동시의 차이, 시집과 시선집의 차이, 낭송과 암송의 차이에 대해 설명해 주고 미리 준비한 줄 없는 종합장에 각자 1년 동안 만들어 갈 나만의 시선집 표지를 꾸미면서 단원을 시작하였다.

동시 콘서트 단원의 시작과 함께 아침 사제동행 독서 시간에 『자연과 친구 되는 시 쓰기』 시집을 계속 읽어 주었다. 칠판에도 써 주고 마음에 드는 시는 시선집에 옮겨 쓴 뒤 각자의 시선집에 어울리는 그림도 그려 보도록 하였다. 나중에는 칠판에 시를 써 보고 싶은 친구들이 돌아가며 시를 옮겨 쓰고, 시와 어울리는 그림도 다양한 색깔로 그려 보도록 하였더니 칠판 앞이 항상 시를 쓰고 그림을 그리는 학생들로 북적였다. 또 학생들이 가까이에서 자연을 늘 관찰할 수 있도록 교실에 식물과 동물을 기를 수 있는 공간을 만들었다. 동물은 알로카시아를 심은 지렁이 화분과 올챙이, 배추흰나비를 길렀고, 딸기, 목화, 고추, 쑥갓, 호박, 오이, 수세미 같은 야채들도 기르고, 다육이나 여러 가지 꽃과 관엽식물을 재배하였다.

자연은 어떻게 탐색할까?

본격적으로 미술 시간에 오감으로 자연을 관찰하는 방법을 본격적으로 공부하고 학교 쪽문과 연결된 공원으로 나가 개나리꽃을 감각

(오감)으로 탐색해서 느낌을 선, 형, 색, 글로 자신의 시선집에 표현해 보도록 하였다. 오감 중에서 미각인 맛은 직접 보지 않도록 지도하고 어떤 맛이 날 것 같은지 상상해 표현하도록 하였다.

"선생님 개나리꽃에서 아무 소리도 안 들려요."

"조용히 잘 들어 보렴. 개나리가 너희에게 하고 싶은 말이 있는 것 같은데?"

"개나리가 우리가 놀러 나와서 좋다고 이야기해요."

"선생님 개나리꽃에서 똥 냄새 가 나요"라며 코를 막는 학생도 있었지만 공원으로 수업 장소를 옮긴 학생들은 신이 나서 오감 관찰을 시작했다. 비록 미세먼지 가 심했던 봄날의 개나리는 길게 만날 수 없었지만 이를 시작으로 교실 밖으로 나가 학교 곳곳에

개나리꽃에서 무슨 소리가 들릴까? 오감 으로 탐색 중

핀 꽃도 관찰하고 식물들도 만나는 시간을 가졌다. 관찰한 식물들은 오감을 표현한 후 그것을 바탕으로 시를 써 보도록 하였다.

자연을 탐색하기 위해 교실에서도 1인 1식물 기르기를 하고 볍씨를 틔워 길렀다. 1인 1식물은 봉투 화분에 자신의 꿈을 적고 편지를 써서 교실 창가에서 길렀다. 벼는 볍씨를 오감으로 관찰하고 볍씨를 뿌려서 싹을 틔우고 모내기를 할 수 있을 만큼 자라는 모습을 교실에서 관찰 하였다. 모가 자란 후 모심기 노래 감상 시간에 스티로폼 박스에 모내 기를 해 보았다. 모내기가 끝난 후에는 건물 밖으로 내놓고 매일 물을

교실에 동식물을 기를 수 있는 환경을 만든다.

모심기 노래를 감상하며 열심히 모내기를 하고 있는 중이다.

주며 자라는 모습을 관찰하였다. 국어 교과서에 나와 있는 먹을 수 있는 꽃 요리를 읽고 화전 만들기로 자연탐색도 하였다. 절기 교육으로 해마다 봄이면 대추와 쑥갓으로 찹쌀 화전을 부쳐 먹었는데, 안전상의 문제로 학교에서 음식을 만들어 먹는 것이 부담이 되어 고민하던 중 교내에 핀 장미꽃과 교실에서 직접 기른 쑥갓으로 핀버튼에 지점토를 이용해 화전을 만들고 전시하였다.

가족은 어떻게 탐색할까?

동시 콘서트를 공부하던 중 어버이날을 맞이하여 국어 시간에 높임말을 사용해서 가족에게 마음을 전하는 편지를 썼다. 부모님께 고마웠던 일을 생각해 보고 고마운 마음을 담아 글을 쓰고 효도쿠폰을 만들어 예쁘게 꽃을 그려서 소책자로 만들어 선물하였다.

또 2주간에 걸쳐서 행복한 가족 프로젝트 '비밀 칭찬'도 실시하였다. 가족 비밀 칭찬은 중학교 도덕 선생님이 쓴 『엄마, 힘들 땐 울어도 괜찮아』김상복, 2004를 읽고 칭찬 일기를 수정해서 해마다 사용하고 있다. 올해도 늘 가까이에 있어서 오히려 많은 관심을 보이지 못했던 가족들을 자세히 탐색하고, 가족사랑으로 시를 암송할 수 있도록 하였다. 비밀 칭찬을 할 때는 가족 구성원 누구나 칭찬하도록 했으며 가족이 눈치채지 못하게 칭찬을 한 뒤 칭찬 상황과 가족의 반응 그리고 소감 등을 간단하게 기록해 놓는다. 칭찬 활동을 모두 마친 후에는 기억에 남는 칭찬을 만화로 그리고 최종 소감문을 쓴 뒤에 가족에게 공개한 후 가족의 편지를 받아 오도록 하였다.

시와 어떻게 친해질까?

공원에서 개나리꽃을 관찰하고 도서관으로 갔다. 도서관에서의 미션은 시집을 한 권 고르고, 마음에 드는 시를 5편 골라서 포스트잇을 붙인 후에 그중에서 가장 마음에 드는 시를 시선집에 옮겨 적는 것이다. 처음에는 학생들이 도서관에서 시집이 어디 있는지 쉽게 찾지 못했다. 또 이 책이 시집이 맞느냐고 계속해서 물으러 왔다. 한참을 찾은 뒤에 저마다 시집을 들고 자리로 와서 열심히 읽고 붙이고 옮겨 적었다. 시선집에 쓴 시는 교실 뒤편에 전시해서 다른 친구들이 볼 수 있도록 하였다. 고른 시집도 대출을 해서 학급에서 돌려 읽도록 하였다.

음악 시간에는 〈퐁당퐁당〉과 〈구슬비〉 노래를 배우면서 동요와 동시에 대한 이야기를 나누고 시를 노래할 수 있음을 배웠다. 노래를 부르면서 시를 암송하면 어떤 점이 좋은지 질문하고, 시를 암송하는 공부를 하는 이유에 대해서도 생각해 보았다. 처음 학습 활동을 계획할 때 직접 꽃을 주워 책갈피 만들기를 하려고 했는데, 마침 학교 도서관에서 하는 행사에 우리 학급이 선정되었다. 그래서 도서관에 가서 사서 선생님이 제공해 주신 곱게 말린 꽃으로 책갈피를 만들게 되었다. 책갈피를 만들면서 꽃과 관련된 동시를 찾아보았고, 꽃 책갈피에 어울리는 동시를 써 보고 싶은 친구들은 시를 써 보도록 하였다.

계속해서 시집을 읽고 시선집에 시를 옮겨 쓰는 활동을 통해서 다양한 시를 경험한 학생들에게 동시 콘서트에서 암송할 시를 선택하게 하였다. 본인이 쓴 시를 선택하고 싶은 사람은 그럴 수 있도록 하였다. 〈퐁당퐁당〉과 〈구슬비〉의 가사를 바꾸어 보는 활동을 통해서 노랫말을 바꾸어도 동요와 시가 된다는 것을 공부했다. 또 친구들 앞에서 본인이 바꾼 노랫말이나 지었던 시로 노래에 맞추어 동요를 발표하는 시간을 가졌다.

> • 오늘 시를 어떻게 암송하는지 알게 되었다. 동요도 동시인 줄 몰랐다. 동요를 외우면 동시를 암송하는 것인지 처음 알았다. 이젠 더 동요를 잘 부를 거다.
>
> • 나는 오늘 국어, 음악책을 한꺼번에 했다. 그래서 오늘은 완전 재미있었다. 그리고 나는 시를 잘 알게 되었다. 나는 오늘 국어가 짱이었다. 나는 오늘 국어가 제일 재미있는 시간이었다.
>
> • 오늘 국어 시간에 시를 암송했다. 음악 시간에 〈구슬비〉와 〈퐁당퐁당〉 노래도 불렀다. 나는 시를 잘 암송하고 싶다. 동시 콘서트 할 때 아주 열심히 할 거다. 국어를 통해서 나는 새로운 공부를 많이 알게 되었다. 국어! 최고♡

-국어 공책 중에서

동시 콘서트는 어떻게 준비할까?

자연탐색과 가족탐색, 동시에 대한 공부를 하고 이제 본격적인 동시 콘서트를 준비하는 시간이다. 동시 콘서트를 하려면 시와 음악과 전시할 시화가 필요했다. 음악, 미술, 국어 시간의 구분 없이 동시 콘서트를 준비하는 공부 시간이다.

제일 먼저 전 시간에 선택한 시로 시화 만들기를 하였다. 동시 콘서트가 축제 분위기가 나도록 갈런드Garland 모양으로 종이를 접어서 시와 어울리는 선과 형과 색으로 꾸민 후 교실 한쪽 벽에 전시하였다.

전시를 마치고 음악을 준비하기 시작했다. 첫 시간에 음악이 있는 시 암송을 한다고 수행과제의 기준을 제시했기 때문에 그동안 생각했던 음악들에 대해 이야기를 나누었다. 교사는 직접 피아노나 리코더 등의 악기로 반주 음악을 연주하는 학생들이 있기를 기대했는데 학급 아이들 모두가 이미 나와 있는 음악을 선택해서 좀 아쉬웠다. 그러나 학생들의 의견이니 존중하기로 했다. 학생들이 직접 음원을 수집하기가 어려워서 인터넷에서 음악을 듣고 곡명을 선택해 주면 교사가 컴퓨터로 녹음을 해서 음악 파일을 만들었다. 노래로 시 암송을 할 학생들은 음악 교과서 CD를 이용해 가사가 없는 반주 음악을 제공해 주었다. 자연스럽게 시를 암송하는 방법에 대해서 질문하며 노래 외에 시를 암송하는 방법들도 찾아보았다. 그리고 자신이 선택한 방법으로 시 암송을 연습하는 시간을 가졌다.

동학년과 함께 학부모 공개수업으로 콘서트를 진행하기로 하였다. 수업 전 협의를 하던 중 가족과 함께하는 콘서트이니 학교에 와서 자녀의 암송만 보고 갈 것이 아니라 가족이 같이할 수 있는 콘서트를 하자는 의견이 나왔다. 생각을 모아 가족들과 함께 가정에서 이름 앞 글자로 시를 짓고, 학생들의 시 암송 전에 가족들이 이름시를 낭송해 주기로 하였다. 부모님께 협조를 요청해서 사전에 이름시를 짓고, 가족들이 우리 반 학생들에게 들려주고 싶은 애송시를 미리 작성해 오도록 하였다. 학생들의 이름 첫 글자 시와 암송할 시 그리고 가족들의 애송시를 담은 작은 시집을 만들어 콘서트 당일에 배부할 수 있도록 준비하였다.

가족과 함께하는 동시 콘서트

드디어 동시 콘서트 날! 암송한 것을 부모님께 보여 준다는 것 때문인지, 잘하고 싶은 마음 때문인지 우리 아이들은 아침부터 설레는 기색이 가득했다. 드디어 부모님이 한 분 두 분 오시고 수업이 시작되었다. 3월부터 공부했던 영상을 보고 발표 순서를 확인한 후 음악과 함께하는 시 암송이 시작되었다. 가족들이 지어 준 이름 첫 글자 시로 자기소개를 하고, 가족이 오지 않은 학생은 옆 친구가 연두마을 시집을 보고 소개해 주기로 하였다.

시 암송을 하던 중 어머니 한 분은 자녀의 이름시를 읽으면서 눈물을 지으시더니 학생이 직접 지은 '우리 가족' 시를 '사과 같은 내 얼굴' 반주에 맞추어 노래로 암송할 때 연신 눈물을 닦으셔서 보는 사람들의 마음이 뭉클했다. '시와 음악은 사람의 마음을 표현하고 소통을 하게 해 준다'는 일반화된 지식이 체감되는 순간이다.

모두의 자기소개 시와 음악과 함께하는 시 암송이 끝나자 가족들 중에서 희망하는 분들이 학생들에게 들려주고 싶은 애송시를 낭송해 주셨다. 알게 된 점과 나의 생각을 발표하는 시간에 한 친구는 천천히 암송을 못하고 부끄러워서 빨리 암송했다면서 본인이 생각한 목표를 못 이뤘다고 속상해하였다. 다시 한번 암송할 기회를 주어 천천히 암송을 하여 훌륭하게 마무리하였다.

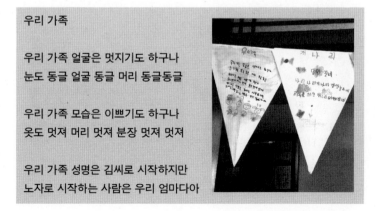

우리 가족

우리 가족 얼굴은 멋지기도 하구나
눈도 동글 얼굴 동글 머리 동글동글

우리 가족 모습은 이쁘기도 하구나
옷도 멋져 머리 멋져 분장 멋져 멋져

우리 가족 성명은 김씨로 시작하지만
노자로 시작하는 사람은 우리 엄마다아

▶ 가족과 함께하는 동시 콘서트
- 학부모 공개수업에 가족 초대하기

▶ 동기 유발
- 그동안 공부했던 영상 보기

▶ 동시 콘서트 순서 살펴보기
- 자기소개하기: 가족과 함께 지은 이름 첫 글자 시를 가족이나 친구가 읽
  으며 소개해 주기
- 자신이 암송할 시의 주제가 가족사랑인지, 자연사랑인지 발표하기
- 음악과 함께 시 암송하기

▶ 시 암송하기
- 동그랗게 앉아서 친구와 가족을 대상으로 자신이 직접 짓거나 인상 깊게
  읽은 시를 암송하기
- 노래를 부르며 암송하기
- 반복되는 말의 느낌을 살려 시 암송하기
- 행과 연을 구분하여 쉬며 암송하기
- 시의 장면을 상상하며 암송하기

▶ 가족의 애송시 낭송하기
- 가족들이 학생들에게 들려주고 싶은 애송시를 낭송하고 학생들은 장면
  을 상상하며 듣기

▶ 사후 활동
- 성찰일지 쓰기-사후 서술형 질문지 작성

그동안 탐색했던 자연사랑과 가족사
랑으로 시를 쓰고 어울리는 선, 형,
색으로 꾸민 후에 축제 느낌이 나는
갈런드 모양의 시화로 전시를 한다.

동그랗게 둘러서 가족들과 함께 동
시 콘서트를 열고 있다.

어떻게 달라졌는가?

3월과 5월에 실시한 사전 사후 질문지의 일부이다. 꿈이 작가이고 시에 대해서 관심이 있던 학생이었으나 암송할 수 있는 시는 없었다. 그러나 수업이 끝나고 암송할 수 있는 시가 생겼다. 대부분의 학생은 수업이 끝난 후 자신이 쓴 시와 다른 사람이 쓴 시를 암송할 수 있게 되었다.

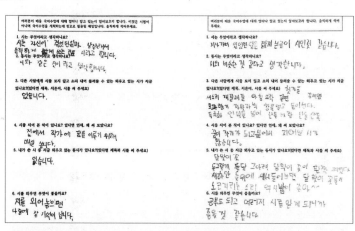

- 시를 암송하면 외롭거나 심심할 때 불러도 된다.

- 저도 시를 잘 쓸 수 있다는 것을 배웠고 유명한 시인들도 많이 알게 되었습니다. 이제는 시를 많이 쓰고 읽어서 고치고 많은 사람 앞에서 낭송할 수 있겠습니다. 시는 그냥 글씨나 그림으로 꾸미는 걸로만 알고 있었는데 동물과 식물의 마음을 알 수 있다는 것을 알게 되어 정말 기쁩니다.

- 시를 혼자 쓰고 암송 낭송을 할 수 있을 것 같다. 그리고 동생이 시를 써야 한다고 할 때 알려 줄 수 있을 것 같다.

- 우울하거나 화나거나 심심할 때 시를 쓰면 좋다. 시는 내 친구 같다.

- 시를 쓰고 공부하면서 새로운 시들을 많이 알게 되었고 뿌듯하고 재미있었던 공부였던 것 같습니다. 집에서도 시를 직접 짓고 고치고 힘들었지만 제가 지은 시를 읽어 보면 뿌듯했습니다. 앞으로 저는 시를 소중히 여기고 사랑하겠습니다.

- 이제 나는 시를 외워서 발표할 수 있고 시를 노래로 하고 노래를 시로 할 수 있을 것 같다.
  -학생 성찰일지 중에서

- 오늘 수업을 보고 나니 저희 3학년 때 수업을 하던 생각이 가물가물 나네요. 그때는 무조건 외우기만 했던 것 같았는데. 우리 아들딸들 너무 기특한 것 같아요. 선생님께서 생각을 많이 심어 주시려고 노력하신 것 같네요. 감사합니다.
- 가족애와 자연사랑을 생각해 보고 느끼는 과정이 좋았습니다. 부모와 함께하는 삼행시 시간이 좋았고 여러 사람 앞에서 자신의 자작시를 낭송하는 기회가 많이 주어져서 자신감도 키우고 다양한 생각을 해 볼 수 있는 발달을 기대합니다.
- 오랜 기간 여러 가지 방법으로 선생님과 아이들이 시에 대해서 느끼고 배우는 시간을 보내신 것 같습니다. 우리 가족도 동시 콘서트를 하고 싶다고 하는 걸 보니 정말 잘 즐기고 배웠구나 하는 생각이 들었습니다. 빛나는 열매를 보고 갑니다. 감사합니다.
- 아이들 한 명씩 시를 암송하는 모습이 너무도 예뻐 보였습니다. 암송한 후에 아이들이 뿌듯하고 기분이 좋았다고 하니 기분이 좋네요. 아이들과 부모님들이 함께한 수업이 이렇게 즐거운 것을 또 한 번 느끼고 갑니다.
  -학부모 소감문 중에서

"나 하나 꽃피어 풀밭이 달라지겠냐고 말하지 말아라. 너도 꽃피고 나도 꽃피면 결국 풀밭이 꽃밭이 되는 것이 아니겠느냐"라는 조동화 시인의 시처럼 우리 아이들에게 시는 마치 풀밭과 같았다. 시가 무엇인지 관심도 많지 않았고 암송한다는 것은 더더욱 생각지 못했던 일이었다. 가족과 함께하는 동시 콘서트를 마치고 나서 쓴 성찰일지와 사전 사후 소감문을 보면 학생들이 시에 대해 이해하고 있음을 알 수 있다. 또한 시를 암송하면서, 친구의 이름시와 자녀의 이름시를 낭송하면서, 문학을 통한 소통의 즐거움을 경험하였고 자신의 생각을 표현할 수 있게 되었다. 이제 시는 낯설었던 학교에서만의 공부가 아니라 늘 가까이에서 함께하는 삶이 되었다. 『글자동물원』에 나오는 이안 시인의 "봄에는 꽃이 핀다 아니고 시가 핀다고 할래"라는 시 구절처럼 우리 교실은 너의 시도 나의 시도 꽃으로 피어나기 시작하였다.

2. 꼬마 시인들의 동시랜드 이야기

무엇을 중심으로 가르칠 것인가?

국어 교과서에는 시와 이야기에서 재미있는 부분, 감동적인 부분을 찾아보는 내용이 한 단원으로 제시되어 있다. 그러나 1학기의 동시 콘서트처럼 2학기에도 시와 이야기를 분리하여 시에 관한 성취기준으로 단원을 설계하기로 하였다. 이야기의 성취기준은 시와 분리해서 온작품 읽기 프로젝트를 통해 교육과정 재구성 계획을 세웠다. 시와 이야기를 분리하기로 결정만 하고 시에 관해서 구체적인 계획을 세우지 못한 상태에서, 일단 아침 독서 시간에 시집 읽어 주기부터 시작했다. 1학기 동시 콘서트 때 2학기에도 이런 기회가 있었으면 좋겠다는 학부모님의 의견이 떠올라서 '2학기에도 가족과 함께 재미있는 동시를 낭송하면 어떨까?'라는 생각을 해 보았지만, 현실적으로 학부모 공개수업이 없는 2학기에 우리 학급만 학부모를 초청해 무언가를 진행할 만큼의 용기는 없었다. 그러다가 1학기 때 학생들이 국어 교과만 공부하는 시간보다 미술과 음악을 통합해서 공부하는 것을 좋아했던 것을 바탕으로, 2학기에도 재미있는 시를 학교 축제의 전시회와 연계해서 미술 교과와 통합하기로 계획을 하게 되었다.

2015 개정 교육과정에 일반화된 지식으로 제시된 "미술은 타 학습 영역, 다양한 분야와 연계되어 있고 삶의 문제 해결에 활용한다"라는

내용은 2022 개정 교육과정의 문학과 미술 통합단원에도 적합한 영속적 이해라서 그대로 가져왔다. 1학기 때는 희망 학생만 시를 창작했지만 2학기에는 시를 이해하고 해석하며, 모방하고 창작하여 다른 사람과 공유할 수 있는 기능들을 핵심기능으로 설계하였다. 작가의 작품을 감상하고 그것을 창의적으로 수용하는 방법을 익히며 바람직한 독자로서의 태도도 배우고 궁극적으로는 '아! 시는 재미있다!'를 우리 학생들이 이해해서 삶에서 시를 가까이하는 학생들로 자라났으면 하는 기대를 하고 시작하였다. 또 우리 주변의 사소한 물건도 특징을 잘 살리면 훌륭한 미술 작품이 될 수 있고, 미술과 문학이 실제 우리 삶 속에서 많이 활용되고 있음을 이해하기를 기대하였다.

무엇을 공부할까?

아침 시간에 계속해서 시집에 나온 시들을 읽어 주었기 때문에 교과서에 나와 있는 재미있는 시를 읽어 주며 단원을 시작하였다. 이 단원에서는 시를 읽고 '이 시가 왜 재미있는지?'를 찾고 재미있는 시를 직접 써서 전시하는 단원임을 나누고, 재미있는 시에 관한 핵심질문을 소개한다. 그리고 신문과 셀로판지로 만든 조형물의 사진을 보여 주며 축제 때 우리 반의 전시 작품을 제출할 때 이 사진처럼 만들어서 여기에 모두의 시를 적어서 전시해 보면 어떻겠냐고 이야기를 나누었다. 물론 우리 반의 반응은 대찬성이었다. 그때부터 끊임없는 질문을 이어 갔다. '다른 사람들이 우리 시를 보게 하려면 어떤 시를 지어야 할까'를 물으면서, 자연스럽게 우리가 재미있는 시를 지어야 한다는 것으로 공부의 방향을 이끌어 갔다. 단원의 이름도 같이 지어 보면서 시가 있는 이 작품의 이름을 무엇으로 할 것인지 이야기를 나눴다.

"여러분에게 재미있는 곳은 어디인가요?"

"에버랜드요."

"그럼 시가 있는 이 전시공간은 무엇이라 부르면 좋을까요?"

"동시랜드라고 불러요."

"그럼 이 단원의 이름은 무엇으로 하면 좋을까요?"

여기저기서 다양한 의견들이 나왔다. 그래서 꼬마 시인들의 동시랜드로 정했다가, 본인들도 인정하는 수다쟁이 집합소인 우리 반이 만드는 것이니만큼 여기에 오면 여러 가지 소리가 시끌벅적하게 들릴 것 같다면서 '수다쟁이 꼬마 시인들의 시끌벅적 동시랜드'라는 다소 긴 단원명이 완성되었다.

이해했다면 무엇을 할 수 있을까?

수행평가과제는 학생들과 함께 만들었기 때문에 수행평가과제와 채점기준표는 두 번째 시간에 정리하여 배부하였다. 학생들에게 배부한 시나리오는 다음과 같다.

동시랜드 만들기

11월 1일부터 3일까지 3일 동안 우리 학교에서 꿈두렁 땀두렁 축제가 열립니다. 축제 기간 동안 여러분은 그동안 공부했던 과정들이 드러난 작품들을 전시하고 학급별로 공연을 하게 됩니다. 축제 기간에는 가족들과 친구들이 와서 우리가 전시한 작품들을 보고 공연을 관람합니다. 따라서 1학기 때의 동시 콘서트와는 달리 여러 사람이 볼 수 있도록 교실 밖 우리 학급에 주어진 공간에 동시랜드를 만들어 전시하게 되었습니다.

여러 사람들이 동시랜드에 와서 우리의 전시 작품을 관심 있게 볼 수 있도록 하기 위해서는 재미있는 시를 써야 합니다. 재미있는 시를 쓰기 위하

여 여러분은 도서관에서 시집을 찾아 읽고 재미있는 표현들을 찾아보며 내 마음에 들어온 시를 발표하고, 그것들을 떠올려 직접 시를 써서 여러분이 만든 동시랜드에 전시를 합니다. 모두가 한 작품 이상 재미있는 표현이 드러난 시를 써야 합니다. 동시랜드를 만들 재료는 우리 학급에 많이 있고 안전한 신문지를 재활용하여 이용하도록 합니다.

관람객들이 즐겁게 관람할 수 있는 재미있는 시가 있는 동시랜드를 우리 반 모두의 힘으로 만들어 주세요.

시가 재미있는 이유는 무엇인가?

제일 먼저 도서관에 가서 각자 시집 한 권을 골라 읽었다. 그중에서 가장 재미있다고 생각하는 시 다섯 편을 찾아서 포스트잇을 붙였다. 그리고 다섯 편의 시 중 가장 마음에 드는 시를 찾아서 '내 마음에 들어온 시'로 정하고 시선집에 옮겨 썼다. 학급 전체에게 시를 읽어 주고 그 시가 재미있다고 생각한 이유를 발표하였다. 발표한 시선집은 교실에 전시해서 다른 친구들이 볼 수 있도록 하였다. 도서관에서 재미있는 시집을 찾아 읽던 아이들의 표정에 웃음이 가득했다. 혼자 낄낄대며 읽다가 옆의 짝에게 너무 웃기다고 보라고 권하는가 하면, 너도 나도 교사에게 가지고 와서 선생님 이것 좀 보라고 이 시 진짜 재미있다면서 보여 준다.

지금 돌이켜 생각해 보니, 그 당시에 시에서 재미있는 부분이 어디이고 왜 그렇게 생각했는지에만 너무 집중해서 학습한 것이 아닌가 하는 아쉬움이 좀 남는다. 좀 더 근본적인 질문으로 '시인들은 왜 이렇게 재미있게 시를 썼는지?'에 대해서 학생들과 진지하게 이야기를 나누고 재미있는 시를 쓰는 이유에 대해서도 진지하게 학습했다면 학생들의 사고와 이해가 한층 더 깊어졌을 것이다. 또 앞으로 재미있는 시를 직접 쓰는 학습을 할 때에도 단순히 동시랜드에 많은 사람이 와서 읽어야 한다는 목적 외에 근본적인 이유를 생각하며 학습했을 것이라는 생각이 든다.

재미있는 시는 어떻게 쓸까?

도서관에서 시집을 읽은 후, 교실에서 본격적으로 재미있는 시는 어떻게 쓰는지에 대해 학습하였다. 학생들은 하나의 시집처럼 교과서에 나온 시를 다 읽은 후 각 시에서 재미있는 표현을 찾아 이야기를 나누고, 재미있는 생각이나 표현을 떠올려 시를 쓰는 방법을 정리하였다. 그리고 나서 재미있는 시 28편을 모아 놓은 자료집을 나누어 주고 시집처럼 끝까지 각자 읽게 한 후 가장 재미있는 시 한 편을 고르게 하였다. 다 고른 후에 제일 처음의 시부터 그 시를 선택한 학생들이 모두 일어나 함께 낭송하도록 하고, 재미있다고 생각한 이유를 발표하게 하였다. 한 명도 선택하지 않은 시는 학급 전체가 같이 낭송하였다. 낭송이 끝난 후에는 각자 선택한 시를 바꾸어 써 보기를 하였다.

마지막으로 다 함께 읽은 시집은 이안 시인의 『글자동물원』이었다. 이 시집의 인기는 폭발적이었다. 다른 시집과 마찬가지로 이 책에서도 다섯 편의 시를 먼저 고르고 그중에서 한 편을 골라서 '내 마음에 들어온 시'로 정했다. 그리고 그 시를 시선집에 옮겨 쓰고 어울리는 시화를 그렸다. 이 시집은 『이야기 넘치는 교실, 온작품 읽기』에 수록된 사례처럼 「토란잎 우산」 노래를 찾아서 불러보고, 「누가 한 말일까」 시의 주인공 맞히기 활동도 해 보았다. 활동을 마친 후 동시랜드에 전시할 재미있는 시를 각자 써 보도록 하였다. 3학년 단계상 재미있는 시를 스스로 쓰는 게 아직 어려워서 그동안 읽은 시를 바꾸어 쓰기를 하도록 하고, 모방이 아닌 창작을 하고 싶은 학생은 직접 써 보도록 하였다.

시를 주어진 공간에 어떻게 전시할까?

이제 시가 완성되고 동시랜드 조형물을 만들 차례이다. 학교에서 쉽게 구할 수 있는 신문지를 잔뜩 가져다 쌓아 두고 사진을 보며 어떻게 만들었는지 방법을 탐색해 보았다. 신문지를 어떻게 하면 튼튼하게 말 수 있을지 말아 보고 붙여 보고 재잘대며 신나게 동시랜드의 기본 뼈대를 만들기 시작했다. 만들다 보니 어느새 25명의 학생들 속에서 자연스럽게 분업이 이루어지고 있었다. 신문을 튼튼하게 마는 그룹, 친구들이 말아 놓은 막대기 같은 신문을 삼각형으로 붙이는 그룹, 그 삼각형을 받아서 삼각기둥, 사각기둥, 오각기둥을 세워 가는 그룹, 모두가 협동하여 만드는 모습이 참 예쁘다. 쉬는 시간에도 누구 하나 일어서지를 않는다. 완전 몰입하고 신난 아이들은 스스로가 만든 신문지 기둥이 점점 올라갈 때마다 탄성을 지른다. 학교가 끝났음에도 시간이 남는 학생들은 하나라도 더 높이 쌓으려고 남아서 계속 만들고 있었다. 만들어진 신문지 기둥은 생각보다 근사했다.

다음 날 덜 완성된 부분을 부지런히 마무리한 후 시선집의 시를 보고 각자 선택한 시를 셀로판지에 옮겨 쓰기 시작했다. 25명이 한 편씩 붙여도 공간이 남아서 더 쓰고 싶은 학생들은 자유롭게 써서 붙여 보도록 하였다. 즉석에서 시를 완성하는 학생도 있었고, 읽었던 시를 써서 붙이는 학생도 있었다. 드디어 완성을 하고 복도에 전시를 하고 다 같이 기념사진도 찍었다.

완성해서 전시한 동시랜드

"선생님 이 사진은 학급 밴드에 올리지 말아 주세요. 축제 때 엄마

아빠 오시면 우리가 만들었다고 깜짝 놀라게 해 주고 싶어요."

아이들은 자신들이 만든 작품이 정말 맘에 든 모양이다. 사실 교사의 눈으로 솔직하게 말하자면 셀로판지 크기가 좀 작기도 하고, 막상 시를 써 놓았지만 셀로판지 색깔에 따라 잘 안 보이는 경우도 있어서 기대했던 것만큼 엄청난 작품은 아니다. 하지만 아이들은 무언가 모를 뿌듯함과 행복감에 흥분되어 있었다. 아이들에게 학급 밴드에 올리지 않고 비밀로 하겠노라고 약속을 하고는 자기평가와 서술형 질문지, 성찰일지를 쓰고 마무리를 하였다.

어떻게 달라졌는가?

동시랜드 수업이 끝나고 작성한 성찰일지이다. 그냥 교과서의 시를 읽고 방법을 익혀서 재미있는 시 쓰기만 했더라면 학생들의 응답은 어떠했을까?

- 나는 시에 관심이 없었다. 그리고 시를 한 번도 안 써 봤고 시는 시켜서 하는 것밖에 안 해 봤다. 이젠 시를 쓰는 다양한 방법을 새롭게 알았다. 그리고 셀로판지와 신문지로 미술 작품과 국어 작품을 만들 수 있는 방법도 알았다.

- 1학기부터 차근차근 시를 외웠더니 이제는 시도 쓸 수 있고 앞으로도 시를 많이 써서 전시회도 열고 시와, 동요, 동시를 써서 시인이 되고 싶다는 생각이 들기도 하였습니다. 이제부터 재미있는 시, 슬픈 시 등 많이 쓸 수 있을 것 같습니다.

- 1학기에는 시를 있는 것을 비슷하게 썼지만 이번엔 바로바로 썼다. 그리고 난 신문과 시로 이런 걸 만들 수 있다는 사실을 알았다. 다음에 한 번 더 하면 하트 모양으로 만들고 싶다. 전시하면 부모님들이 깜짝 놀라실 것이다. 나는 이 공부를 통해 아주 많은 걸 알고 배웠다. 그래서 신문의 새로운 변신도 알았고 제일 중요한 건 생활 속에도 미술 작품이 많다는 걸 알았다. 이런 재미있는 시간이 계속 있었으면 좋겠다.

"선생님 쓰고 싶은 말이 많은데 종이가 너무 부족해요."

동시랜드를 마치고 성찰일지를 쓰던 중 들리는 소리에 순간 뭉클하였다. 상희(가명)다. 상희는 이번 수업에서 나를 두 번이나 뭉클하게 했다. 어머니가 상담 때 가정에서도 힘들 때가 있다고 어려움을 토로하시고, 기초 학력이 부족했던 상희였다. 수업 시간에도 산만하여 집중하는 것을 어려워하고 아이들과의 관계도 원만하지 않았던 상희. 그런 상희가 어제 수업 때 열심히 집중하여 신문을 말고 동시랜드를 꼼꼼하게 세우는 모습을 보여 주고, 동시랜드 작품 속으로 들어가려고 하는 아이들에게 선생님이 그러면 안 된다고 했다고 의젓하게 말리는 모습에 뭉클했었는데, 늘 한 줄 아니면 아예 안 쓰고 다 썼다고 하던 상희가 무엇을 저렇게 열심히 썼을까? 상희가 제출한 삐뚤빼뚤한 글씨에 맞춤법은 많이 틀렸지만 상희의 마음이 가득 들어 있는 성찰일지(1학기 때 아무것도 못했는데 2학기 되니까 조금 잘해진 거 같아서 기분이 좋았다)를 보고 또 한 번 가슴이 뭉클해졌다. 우리 상희가 시를 공부하며 이렇게나 많은 것을 알고 할 수 있게 되었다니. 풀밭에서 한 송이의 꽃이 피어나는 것 같았다.

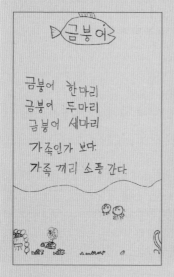

아이들이 쓴 시선집을 읽고 있자니 중국에서 2학년 때 한국에 온 수영이(가명)의 시가 보였다. 1학년 때까지 중국어로 공부하던 수영이는 아주 예쁜 글씨체와 그림으로 '금붕어'라는 시를 썼다. 여기도 한 송이의 꽃이 피었다. 석준이(가명)의 시를 보니 동시 콘서트 때 가족과 엄마에 관한 시를 노래로 부르는 아들의 모습을 보고 눈물짓던 석준이 어머니가 떠오른다. 석준이의 마음에도, 어머니의 마음에도 꽃이 피어난다. 우리 반은 이미 시들이 가득 피어난 꽃밭이다.

-교사 성찰일지 중에서

3. 시가 피어나는 교실 프로젝트를 마치고

1학기에 시가 피어나는 교실의 첫 번째 수업인 '가족과 함께하는 연두마을 동시 콘서트'를 마치고, 2학기에는 시가 피어나는 교실의 두 번째 수업 '수다쟁이 꼬마 시인들의 시끌벅적 동시랜드'를 마쳤다. 우리 학급은 교과전담 선생님의 표현에 의하면 때로는 감당하기 힘들 정도의 에너지가 넘치는 반이고, 본인들도 단원명을 지으며 인정했듯이 수다쟁이들이 넘치는 반이다. 중국, 러시아, 필리핀 다문화 가정의 학생이 있어서 언어의 어려움을 겪는 친구도 있었다. 그러나 꾸준히 백워드 설계를 통한 이해를 위한 수업으로 즐겁게 수행과제를 해결하는 공부를 하면서 마음이 자라고 이해가 자라고 성장해 가는 모습을 보았다. 그 모습을 바라보는 교사도 힘을 내어 연구하고 같이 성장할 수 있었다.

2월이 되어 아이들과 헤어질 시간이 다가왔다. 마지막 국어 수업 시간에 각자 한 편의 시를 지어서 전시하기로 하였다. 첫 번째 학생의 시를 읽자마자 교사의 마음에 무언가 뜨거운 것이 올라온다.

제일 처음에 읽은 시는 2학년 때 러시아에서 한국에 온 미샤(가명)의 시였다. 2학년 때 옆 학교에 전입했다가 3학년이 되면서 우리 학교로 전학을 온 학생이었다. 3학년 첫날 만난 미샤는 1년 동안의 짧은 한국 생활이었지만 기본적인 한국어 듣기, 말하기, 읽기가 조금은 가능한 상태였다. 그러나 한국어 쓰기는 전혀 하지 못해서 쓰기로 해야 하는 학습 활동은 거의 백지로 내는 경우가 많았다. 그래서 동시 콘서트 때에도 가장 짧은 시를 선택해서 암송을 했고, 동시랜드 수업에서는 재미있는 부분은 찾았지만 시 쓰기는 그대로 옮겨 써서 전시를 했다. 그랬던 미샤가 이제는 자신의 마음을 한국어 시를 통해서 표현할 수 있게 되었다니. 다른 사람들이 볼 때에는 글씨도 틀리고 훌륭한 시라고 보지 않을 수도 있을 테지만, 나에게는 1년 동안 공부한 시에 대한 아이들의 이해가 이 시 하나만으로도 드러나는 것 같아서 참 뿌듯하다.

미샤 말고도 우리 반 한 명 한 명의 시는 저마다의 생각을 시로 표현할 수 있게 된 이해의 증거들이 되어 교사인

미샤가 2월에 마지막으로 쓴 시

겨울

식물들이
쏙 들어갔다
겨울이 무서워서
쏙 들어갔다

사람들도

쏙 들어갔다
오들오들 추워서
집에 쏙 들어갔다.

무서운 계절
겨울

꽃

꽃은 옹기종기 모여 있다
우리 반 아이들처럼

꽃씨들이 날아다니면
우리 반 아이들은
뛰어다니며 논다

학교가 끝나면
우리 반은 다시 심심해진다

꽃이 시들면
아이들 없는 우리 반이 된다

돼지 저금통

아기돼지 저금통은
500원 2개

엄마돼지 저금통은
1000원 2장

아빠돼지 저금통은
10000원 2장

우린 부자가
될꺼다!

쉬는 시간

쉬는 시간이 시작됐다
와아아아악~~~~ !!!

쉬는 시간이 끝났다
에휴 …

우리들은 한숨 쉬며
자리에 앉는다.

가족

가족은 안전한 보호막
가족은 날 지켜주는 기사들
가족은 어려움을 나누는 것
가족은 행복함을 더하는 것
가족은 고마움을 곱하는 것
가족은 눈물을 빼주는 것

하품

내가 하품을 하면
아침이고

내가 하품을 하면
밤이다

내 하품은 시계

나를 참 행복하게 한다.

동시 콘서트가 끝나고 동시랜드를 완성했다. 그래도 시의 맛을 알게 된 아이들은 지금도 계속해서 즐겁게 시를 읽고 있다. 겨울이 왔다. 우리 반 아이들은 여전히 시끌벅적 큰 목소리로 『글자동물원』의 시를 읽는다.

"눈이 온다 아니고 시가 온다고 할래."

참고문헌

강현석, 이지은(2016). 이해중심 교육과정을 위한 백워드 설계의 이론과 실천. 학
　　지사.
경기도 교육과정-수업-평가 일체화 정책실행연구회(2017). 자료집.
교육부(2014a). 국어 3-1 초등학교 교사용 지도서.
교육부(2014b). 국어 3-2 초등학교 교사용 지도서.
교육부(2015a). 2015 개정 교육과정 총론. 교육부.
교육부(2015b). 초등학교 교육과정. 교육부.
교육부(2022a). 2022 개정 사회과 교육과정.
교육부(2022b). 2022 개정 초등학교 교육과정. 교육부.
교육부(2022c). 2022 개정 교육과정 총론 해설서. 교육부.
교육부(2024). 바른생활·슬기로운 생활·즐거운 생활 1-1 초등학교 교사용 지도
　　서. 교육부.
김경자, 온정덕, 이경진(2017). 역량함양을 위한 교육과정 설계: 이해를 위한 수
　　업. 교육아카데미.
김상복(2004). 엄마 힘들 땐 울어도 괜찮아. 21세기북스.
김선, 반재천, 박정(2017). 수행평가와 채점기준표 개발. AMEC.
로레인 페라(2012). 자연과 친구 되는 시 쓰기. 북센스.
변영임(2016). 이해중심 교육과정에 기반한 맞춤형 수업이 학습자의 학업성취도
　　와 학습태도에 미치는 영향. 경인교육대학교.
온정덕, 권오현, 김진원, 방길환, 백남진, 안지영, 윤지영, 이건복, 최화영, 황규호
　　(2023). 2022 개정 교육과정에 따른 수업 및 평가 개선 방안 연구. 교육부, 경
　　인교육대학교.
온정덕, 김경자, 박희경, 홍은숙, 황규호(2015). 2015 개정 교육과정 총론 해설서
　　(초등학교) 개발연구. 교육부.
온정덕, 김병연, 박상준, 방길환, 백남진, 이승미, 이주연, 한혜정(2021). 2022 개
　　정 교과 교육과정 개발 기준 마련 연구. 교육부.
이안(2015). 글자동물원. 문학동네.
전국초등국어교과모임 외(2016). 이야기 넘치는 교실 온작품 읽기. 북멘토.
정혜승, 옥현진, 김정영, 김소현, 이성현, 한기덕, 이승은(2017). 교사의 전문성과
　　자율성에 기반한 핵심질문 활용 배움 중심 수업 실천 방안 연구.
최경애(2019). 평가 루브릭의 개발과 활용. 교육과학사.
한국교육과정학회(2017). 교육과정학 용어 대사전. 학지사.

황윤한, 조영임(2005). 학생들의 다양한 특성을 반영한 개별화 수업: 이해와 적용. 교육과학사.

Bernacki, M. L., Greene, M. J., & Lobczowski, N. G.(2021). A systematic review of research on personalized learning: Personalized by whom, to what, how, and for what purpose(s) Educational Psychology Review, 33(4), 1675-1715.

Brookhart, S. M.(2013). How to create and use rubrics for formative assessment and grading. 장은경, 김민아, 남예지, 양하늬, 조은비, 주혜란, 차민경 옮김(2022). 루브릭 어떻게 만들고 사용할까?. 우리학교.

Grant Wiggins and Jay McTighe(2015). 백워드 단원 설계와 개발: 기본 모듈(Ⅱ) [The understanding by design guide to advanced concepts in creating and reviewing units]. 강현석, 유제순, 온정덕, 이지은 옮김. 교육과학사.

Grant Wiggins and Jay McTighe(2016). 핵심질문 학생에게 이해의 문 열어주기 [Essential questions: Opening doors to student understanding]. 정혜승, 이원미 옮김. 사회평론.

Gregory, G. H., & Chapman, C.(2014). 맞춤형 수준별·개별화 수업 전략(3판) [Differentiated instructional strategies: one size doesn't fit all (3nd Ed.)]. 조영남, 나종식, 김광수 옮김. 학지사.

McMillan, J. H. (Ed.).(2013). SAGE handbook of research on classroom assessment. Sage.

McTighe, J., & Wiggins, G.(2004). Understanding by Design Professional Development.

McTighe, J., & Wiggins, G.(2013). Essential questions: Opening doors to student understanding. Alexandria, VA: Association for Supervision and Curriculum Development.

Perkins, D.(1998). What is understanding? In M. S. Wiske, (Ed.). Teaching for understanding: Linking research with practice. (pp. 39-57). San Francisco: Jossey-Bass.

Tomlinson, C. A. & McTighe. J.(2005). Integrating Differentiated Instruction Understanding by design. Alexandria, VA: Association for Supervision and Curriculum Development.

Wiggins, G., & McTighe, J.(1998). Understanding by design. Alexandria, Virginia: Association for Supervision and Curriculum Development.

Wiggins, G., & McTighe, J.(2005). Understanding by design. (2nd Ed.). Alexandria, Virginia: Association for Supervision and Curriculum Development.

삶의 행복을 꿈꾸는 교육은
어디에서 오는가?

● **교육혁명을 앞당기는 배움책 이야기** 혁신교육의 철학과 잉걸진 미래를 만나다!

미래 100년을 향한 새로운 교육

혁신교육을 실천하는 교사들의 **필독서**

● **비고츠키 선집** 발달과 협력의 교육학 어떻게 읽을 것인가?

● **경쟁과 차별을 넘어 평등과 협력으로 미래를 열어가는 교육 대전환!** 혁신교육 현장 필독서

대전환 시대 변혁의 교육학	진보교육연구소 교육과정연구모임 지음 I 400쪽 I 값 23,000원
교육의 미래와 학교혁신	마크 터커 지음 I 전국교원양성대학교 총장협의회 옮김 I 336쪽 I 값 18,000원
남도 임진의병의 기억을 걷다	김남철 지음 I 288쪽 I 값 18,000원
프레이리에게 변혁의 길을 묻다	심성보 지음 I 672쪽 I 값 33,000원
다시, 혁신학교!	성기신 외 지음 I 300쪽 I 값 18,000원
백워드로 설계하고 피드백으로 완성하는 성장중심평가	이형빈·김성수 지음 I 356쪽 I 값 19,000원
우리 교육, 거장에게 묻다	표혜빈 외 지음 I 272쪽 I 값 17,000원
교사에게 강요된 침묵	설진성 지음 I 296쪽 I 값 18,000원
왜 체 게바라인가	송필경 지음 I 320쪽 I 값 19,000원
풀무의 삶과 배움	김현자 지음 I 352쪽 I 값 20,000원
비고츠키 아동학과 글쓰기 교육	한희정 지음 I 300쪽 I 값 18,000원
교실을 위한 프레이리	아이러 쇼어 엮음 I 사람대사람 옮김 I 410쪽 I 값 23,000원
마을, 그 깊은 이야기 샘	문재현 외 지음 I 404쪽 I 값 23,000원
비난받는 교사	다이애나 폴레비치 지음 I 유성상 외 옮김 I 404쪽 I 값 23,000원
한국교육운동의 역사와 전망	하성환 지음 I 308쪽 I 값 18,000원
철학이 있는 교실살이	이성우 지음 I 272쪽 I 값 17,000원
왜 지속가능한 디지털 공동체인가	현광일 지음 I 280쪽 I 값 17,000원
선생님, 우리 영화로 세계시민 만나요!	변지윤 외 지음 I 328쪽 I 값 19,000원
아이를 함께 키울 온 마을은 어떻게 만들어야 할까?	차상진 지음 I 288쪽 I 값 17,000원
선생님, 제주 4·3이 뭐예요?	한강범 지음 I 308쪽 I 값 18,000원
마을배움길 학교 이야기	김명신 외 지음 I 300쪽 I 값 18,000원
다시, 남도의 기억을 걷다	노성태 지음 I 332쪽 I 값 19,000원
세계의 혁신 대학을 찾아서	안문석 지음 I 284쪽 I 값 17,000원
소박한 자율의 사상가, 이반 일리치	박홍규 지음 I 328쪽 I 값 19,000원
선생님, 평가 어떻게 하세요?	성열관 외 지음 I 220쪽 I 값 15,000원
남도 한말의병의 기억을 걷다	김남철 지음 I 316쪽 I 값 19,000원
생태전환교육, 학교에서 어떻게 할까?	심지영 지음 I 236쪽 I 값 15,000원
어떻게 어린이를 사랑해야 하는가	야누쉬 코르착 지음 I 송순재·안미현 옮김 I 396쪽 I 값 23,000원
북유럽의 교사와 교직	예스터 에크하트 라르센 외 엮음 I 유성상·김민조 옮김 I 412쪽 I 값 24,000원
산마을 너머 지금 뭐해?	최보길 외 지음 I 260쪽 I 값 17,000원

참된 삶과 교육에 관한
생각 줍기